JN439097

瑞草堂 일기

조경희 수필집

세종출판사

| 작가의 말

꽃돌(매화, 해바라기, 국화)을 쓰다듬는다. 마당의 꽃나무를 돌보며 매번 꽃을 피워낸다. 가지를 잘라 일 년에 두 번씩 꽃피게 만들던 극성이 마침내 내 생에 꽃을 피웠다. 수필은 내 생활의 기록이다. 대단한 발견이나 생경한 것에서 찾지 않았다.

아직도 자고 나면 설렌다. 출근길 아들에게 전날 쓴 글을 읽어주면 '엄마 좋네' 하는 말에 용기 얻고, 사유가 좀 부족하다고 자책하면 '엄마만이 쓸 수 있는 글이다. 좋다.' 라고 용기를 준다. 이렇게 쌓인 글을 교수님께 지도를 받아 책상 서랍에 넣어둔 것들이다.

컴퓨터에 익숙지 않아 종이마다 손 글씨로 써서 붙이고 새로 쓰며 이어지는 문장을 찾지 못할 때, 여기저기 흩어진 글을 한곳으로 모아 알아보기 쉽게 만들어 준 큰딸도 고맙다. 살기에 바빠 노후보험도 넣지 못했는데 자식 네 명이 든든한 노후보험이니 크나큰 보람이다. 내 건강을 책임져 주는 병원장인 막냇사위 덕에 오늘도 문학을 배우며 다닐 수 있으니 이도 고마운 일이다.

한평생을 꽃과 놀아온 것처럼 수필과도 잘 놀아 볼 생각이다. 꽃밭에서의 하루는 언제나 싱그럽다. 오직 나만을 위한 작은 쉼터이며 나의 안식처다. 오롯이 나다운 내가 거기서 살아 움직인다. 꽃을 만지면서 마음에 씨앗을 키울 수 있게 된 것도 다 수필 덕분이다.

써 놓은 글을 어떻게 엮을까 고심하며 많은 시간을 보냈다. 부산 생활을 접고 김해 대동으로 거처를 옮긴 후 십사 년간의 기록과 지난한 삶의 한 자락도 넣었다. 내 글의 모태는 아버지에 가깝다. 지금도 아버지의 사랑을 생각하면 코끝이 찡하다. 사위를 잃고 홀로된 딸이 안쓰러워 방문을 걸어 잠그고 큰 울음을 내셨다는 아버지 영전에 『서초당 일기』를 바친다.

칠십 넘긴 나이에 글쓰기를 시작해 팔십을 넘었다. 나이 많은 제자가 잘 따라올지, 관심이 있는 듯 없는 듯 글에 대한 애정으로 이끌어 주신 지도 교수님께 머리 숙여 감사드린다. 한 공간에서 강의를 듣고 힘을 실어준 문우들도 고맙다.

나의 쉼터 식만 놀이터에서

2023년 10월

조 경 희

차례

2부

하찮은 이끼라도

3부

묻힌 소리

4부

세월이 가야 한다

5부
마지막 전시회

1부

졸업다례

서초당 정원

鳶과 緣 · 여름 한때 · 장독대 만들기 · 오전 열 시, 수필의 매력에 빠지다

삭 · 신고식 · 졸업 다례 · 선생님의 사투리 · 겨울 바다

鳶과 緣

김해 대동으로 이사 왔다. 강 건너란 말 속에는 아름다움이 녹아있을 것만 같다. 그 아름다움을 찾아 낙동강을 건너 강의 옆구리에 터를 잡았다. 다른 사람들은 이사 올 때 밥솥이나 불씨를 앞세우고 들어가지만 난 그 사람의 사진을 앞세워 같이 들어왔다. 내가 살아가야 할 집이니까.

그해 아들은 큰길까지 가서 아버지를 모시고 들어와 제사를 지냈다. 이사 와서 첫제사 때 치르는 과정이다. 제사는 자정 지나서 지냈는데 요즘은 저녁 9시나 10시에 지낸다. 이사 갔을 때는 산소에 가서 술 한 잔 놓고 어디어디로 이사를 왔으니까, 또는 집 주소가 바뀌었으니까, 그날 잊지 말고 오십시오 해야 하는데, 다 떨어져서 사니 제사 때 한두 시간 전에 큰길까지 가서 모시고 오는 역할은 제주인 아들 몫이다.

다음날부터 앞마당 꽃밭 만들기부터 시작했다. 누구 하나 거들어 줄 사람은 없어도 항상 내 곁에는 보이지 않는 그 사람이 있었기에 힘이 났다.

오동나무 두 그루를 심었다. 들어오는 입구에 하나, 아래채 옆에 하나 심었다. 이 나무가 크면 연鳶을 한번 띄우고 싶었다. 오동나무에 연鳶이 걸리면 어떻게 되나 한번 보고 싶은 게 반생의 화두였다. 오동나무가 어떻게 생겼는지도 몰랐다. 단지 딸을 낳으면 오동나무를 심어 그 딸이 시집갈 때 장롱을 만들어 준다는 것과 소리의 전달이 좋아 가야금이나 거문고 같은 전통 악기에도 쓰였다는 말만 들었을 뿐이다.

오동은 천년을 지나도 가락을 잃지 않고 매화는 일생 추워도 향기를 팔지 않는다는 한시도 있다. 그 신비의 오동나무를 제일 먼저 심었다. 인생 황혼길에 접어드니 서러웠던 삶의 한 자락이 그리움으로 떠올라 두 그루를 심은 것이다. 마당이 넓은 시골집이기에 가능했다.

삼십 년 전 대연동 주택에 살 때 일이다. 어린 사 남매와 번창하던 사업을 두고, 손 쓸 여유도 없이 그 사람은 구름처럼 갔다. 시누이들이나 친척들이 찾아올 땐 항시 "오동나무에 연鳶 걸리듯이 걸렸구나, 우리 작은며느리 전들 어쩌겠나 히잉" 하면서 묘한 웃음을 흘리시던 시어머니의 그 뜻을 처음엔 몰랐다. 궁금하면서도 속상한 게 정말 비뚤어지고 싶은 날 밤을 수없이 보내고 나서야 그 비유법 의미를 알게 되었다. 그 미묘한 웃음은 슬픈 생활의 시작점이었다.

"우린 책임 없다. 너 알아서 살아가"라는, 방관적이면서도 회피성 짙은 말인 줄을 살아가면서 수없이 느꼈기 때문이다. 연緣을 맺은 사람과 이별하는 것이 연緣이 떨어져 나가는 것임을 알았다. 호주상속을 받고도 아버지의 부재를 알지 못하는 여덟 살 철부지와 총총 사 남매의 눈망울에서 눈물을 배웠다. 공장 사람들과 시집 식구들이 매일 쳐다보며 같이 드나들었던 대문은 생기를 잃어가고 낯설기까지 했다. 대문 밖 소식을 전하던 시어머니 발걸음도 점점 멀어져 갔다. 천둥 번개처럼 무섭고 빠르고 시끄럽게 그 사람의 연緣들이 얼레의 실을 끊어버렸다. 주객이 전도되고 있었다.

오동나무에 걸린 연鳶처럼 쨍쨍 내리쬐는 땡볕과 하늘의 눈비도 오롯이 혼자 받아내야 하는 신세가 되었다. 엄마라는 무게를 달고 슬픔을 걷어내고 일어서는 데도 두 해가 걸렸다. 자식들은 다 각자 알아서 해주었다. 대학등록금 걱정은 없었다. 서울의 대학을 마다하고 사 년 전액 장학금을 주는 부산대학을 택했다. 그 자식들이 장성하여 타지로 갔다.

그동안 꿈꾸어 왔던 마당이 넓은 곳에 왔다. 엄마가 좋아하는 꽃을 가꾸며 편안히 살아가라고 자식들이 마련해주어 이사를 온 것이다. 이곳 사람들은 대문을 달지 않는다. 그만큼 인심도 좋고 도둑도 없다. 도시에서 온 중늙은이를 따뜻이 대해준다. 밭에서 나는 아욱이나 당근, 하우스에서 나오는 딸기나 토마토도 마당 입구나 나뭇가지에 매달아 놓고 간다. 보답은 항시 쑥스러운 웃음과 어여쁜 꽃으로 대신한다.

벌써 십 년이 지났다. 오동나무도 많이 컸다. 땡볕이 앞마당을 달구던 시절이 지나고 태풍이 몰아칠 때 마당 입구에 서 있던 오동나무가 쓰러졌다. 아이구 하며 쓰러진 나무를 일으키며 뒤를 돌아보니 아래채 옆 오동나무는 어디서 날아 왔는지 모를 비닐을 덮어쓰고도 끄떡없이 서 있다. 내가 연鳶을 띄워 보기도 전에 비닐이 먼저 걸터앉았다. 긴 대나무 바지랑대로 당기고 후려쳐 보지만 꼼작도 하지 않는다. 바람이 불면 비닐은 옆 가지에 엉겨 붙는다. 내 힘으론 안 되는 일이다. 비닐을 걷어내려면 오동나무 가지를 타고 올라가든지, 꺾어야 한다. 키 큰 나무를 올려다본다. 아, 오동나무에 걸리면 저렇게 되는구나. 나도 모르게 웃음이 났다. 웃음의 의미를 알고 또 한 번 실없이 웃었다.

예쁜 뜰에 구월이 내려왔다. 마당 입구엔 하얀 나도샤프란이 일렬종대로 서서 가을을 맞이하고 있다. 옹기 뒤에서 고개를 내민 해국은 파리한 얼굴로 고향 바다를 그리워하는 표정이다. 서로 떨어져 있는 흰구절초와 분홍구절초는 이중창으로 가을 노래를 부른다. 들꽃 꽃향기를 깊이 들이마셨다. 맑고 시린 초가을의 하늘을 본다. 난데없이 눈물이 났다. 그 사람은 바람 되어 내 눈물을 곧 말려 준다. 눈물을 원치 않는 배려 깊은 사람이다. 그 사람과 살아온 세월보다 혼자인 세월이 더 길지만, 항시 멀리서 쳐다보고 있는 것만 같다.

요즘 들어 시어머니가 그리워진다. 일부종사의 의미를 오동나무에 걸린 연으로 비유한 것이 이제야 지혜롭게 느껴진다. '너는 이 집 며느리다. 아무리 발버둥 쳐 봐야 소용없다. 어디 갈 수 있나. 끈이 네 개나 달렸는데 봄에 새싹을 틔우거나 가을바람에 잎이 떨어질 때 마음 다잡고 자식 잘 키우라'라던 당부 말씀은 잘 지켰다.

내 작은 뜰은 기다림의 사원이다. 오늘도 소식 기다리는 여인 하나 여기 머물고 있다. 오동나무에 연 걸리듯, 이 가문을 벗어나지 못한다.

여름 한때

뒤뜰에 두 개의 아궁이가 있다. 오랜 꿈이던, 전원 속에 작지만 내 집을 마련했다. 이사하면서 맨 먼저 뒷마당 한편에 솥 두 개를 걸었다. 염액을 끓여낼 수 있는 준비를 갖추었다. 큰 솥에는 물 두 동이가 들어가고, 작은 솥에는 물 한 동이가 들어간다.

큰 솥 가득 쑥대를 잘라서 넣고 물을 부은 후 불을 지핀다. 쑥에 있는 염료 성분을 오롯이 빼내야 하므로 뭉게뭉게 두 시간을 끓이고 우려내야 하는 인내가 필요한 작업이다. 아궁이에서 내뿜는 열기로 등줄기에는 땀이 흐르고 얼굴은 빨개지지만 이 일을 고집한다. 자연의 고운 색을 얻기 위해서다.

오늘은 이상하다. 불이 잘 받지 않는다. 솥 뒤 낮은 굴뚝으로 불꽃과 연기가 빠져나가지 못하고 아궁이 앞으로 불꽃이 되나온다. "재나 치워주고 갈끼요." 하며 며칠 전 동생이 다녀갔다. 그 말만 믿고 곧 시작될 장마로 작업을 못할까 싶어 그대로 불쏘시개와 나뭇잎을 넣고 불을 지폈다. 봄에 가지치기한 나무 두 묶음을 다 때어도 쑥물은 끓지 않고 아궁이 앞으로 나오는 불꽃과 연기에 화만 치민다. 아무래도 동생이 제대로 일을 하지 않은 모양이다.

"이놈의 자식 뭐 했노."

맘속 울화가 불의 불화와 마주치면서 스파크가 인다.

불을 꺼야겠다, 그만두자, 날씨가 아깝다는 둥 많은 생각이 스친다. 모든 일에는 순서가 있기 마련이건만, 아궁이 재가 마음에 걸려도 아랑곳하지 않고 한번 해보자고, 이 정도쯤이야 하고 밀어붙인 게 잘못이다. 대충은 안 된다고 불이 내게 알려주는 게 아닌가. 아궁이에서 재를 걷어내고 솥 밑과 화목의 간격을 적당히 띄어 놓아야 불꽃이 잘 피어오르고 화력도 좋을 텐데…. 아궁이 열기가 식기를 기다렸다.

다음날 재를 치우고 솥뚜껑을 열었다. 아뿔싸! 끓다 만 쑥물이 태양 아래 부글부글 개고 있다. 이렇게 되면 쑥 고

유의 색은 나오지 않는다. 그런데도 나는 또 밀어붙인다. 이것도 일 년 농사인데 아까워서 그리 해보는 것이다. 탁한 색이라도 얻어 볼까 하고 다시 불을 지폈다. 쑥물로 염색을 하면 예쁘다거나 곱다는 생각은 덜 들지만 은근한 색 속에서 우러나오는 오묘함이 있다.

나는 쑥에 대한 향수가 많다. 어릴 때 친구들과 소꿉놀이할 때다. 쑥에 모래를 섞어 콩콩 찧으면 모래에 쑥물이 배어 모래 쑥떡이 된다. 맛있게 나눠 먹는 시늉을 하며 보낸 시절이다. 좀 커서는 쑥을 많이 캐려고 급한 김에 북데기도 같이 넣어 오면 칠칠하지 못하다고 나무라시던 어머니가 생각난다. 어릴 때 속탈이 나면 어머니는 생쑥을 찧어 삼베보자기에 짠 쑥물을 종지에 부어주었다. 쓴맛이 싫어 몰래 반은 버리고 반만 먹어도 아픈 배가 나았다. 또 삼베보자기를 깔고 그 위에 올려 쪄낸 쑥털털이는 잊을 수 없는 그 시절 맛난 간식이다.

시골 생활을 하면서는 쑥을 잘 말려 야구공만 하게 뭉쳐 큰 소쿠리 가득 만들어 놓는다. 여름에 모기 퇴치용으로 그만이다. 집에 수생식물이 많아 그런지 모기가 많다. 쑥이 타면서 내는 향과 부옇게 올라가는 연기를 보면 다들 좋아한다. 추억이 새록새록 생각나는 모양이다. 여름이 아니면 볼 수 없고 말을 수 없는 쑥 태우는 일을 나는 무척 좋아한다. 시골 생활에서만 볼 수 있는 운치다.

여름 시기가 제일 바쁘다. 염색에 필요한 염액을 얻어야 하는 시기다. 자색을 내기 위해 뒤뜰 포도나무의 포도를 전부 따서 선별한다. 반 이상이 염료다. 삶아 체에 밭쳐 둬야 한다. 쑥도 꽃이 피기 전 잎이 무성할 때 채취해서 염료를 만들어야 한다. 잘못하면 애써 만들어 놓은 염료가 더운 날씨에 상하기 때문에 시기와 농도를 잘 맞춰야 한다.

올해 쑥 염료는 실패로 끝났다. 일 년 후를 기다려야 한다. 좋은 색을 얻기가 이렇듯 힘이 든다. 잠깐의 부주의로 일 년 농사가 허사로 돌아갔다. 누굴 탓하랴. 이 정도야 하고 방심을 한 것이 실패의 원인이다. 매년 하던 일이라 자만한 것도 잘못이다. 방심도 자만도 자연의 색은 허용치 않는가 보다.

하늘을 본다. 뜨거운 태양이 쏟아진다. 불타는 아궁이 앞에서 이열치열 여름을 이겨내며 다시 내년을 기다린다.

장독대 만들기

장독대는 뒷마당으로 정했다. 한옥이나 주택에서 장독대는 보며 감상할 수 있는 또 다른 정원이다. 시골 생활을 시작하면서 반듯한 장독대 하나 만들고 싶었다. 이것저것 정리하고 버리다 보니 계절이 바뀌었다. 대문에서 현관까지의 디딤돌도 시행착오 끝에 완성했다.

장독대도 혼자 해 볼 생각이다. 구상하고 설계하며 돌을 옮겼다. 위채 수리하면서 나온 구들장을 재활용해야겠다. 돌이 무거워 들어올리지는 못해도 굴리면서 뒷마당으로 옮겼다. 마당보다 한 발 높게 깔았다. 크기와 모양이 다 각각이라 높낮이가 맞지 않다. 벌어진 틈 사이를 깨진 벽돌로 고정하다 망치에 손끝을 찧었다. 발등에도 돌이 튀었다. 힘이 빠진다. 흘러내리는 땀에 윗옷은 등에 붙고 더위에 안경도 뿌옇다. 열기로 더는 일을 할 수 없다. 수도꼭지를 틀고 마당에 그대로 서서 호스로 물세례를 맞는다. 하늘 아래 아무도 보는 사람이 없다. 이 또한 시골 맛이 아니랴.

나는 옹기에 관심이 많다. 외갓집에는 그림, 도자기 등 골동품이 많았다. 옹기 약탕기와 단지들을 모아둔 널찍한 장독대가 한 폭의 그림이었다. 어릴 때부터 자주 드나들었던 외가에서 내 눈높이가 높아갔다. 문양이나 눈물 형태의 옹기가 멋스럽게 다가오고 백토 옹기가 상품이란 것도 알았다.

40년 전의 일이다. "새댁, 잠시 우리 집으로 와 보소." 하고 앞집 할머니가 담 너머에서 불렀다. 담을 사이에 둔 주택이라 마주 보며 얘기는 할 수 있어도 집으로 가려면 동네를 반 바퀴 돌아서 가야 한다. 마루에 나란히 놓인 단지를 가리키며 "이 두 개 마음에 들면 가지고 가시오." 한다.

첫눈에 봐도 예사롭지 않았다. 작은 항아리에 그려진 산 모양의 무늬와 서로 마주 보고 있는 새 그림이 맘에 들었다. 할머니가 시집올 때부터 있었던 단지였는데 오래되어서 하나는 철사로 둘렀다 한다. 녹슨 철사가 항아리와 한 몸이 되어 더욱 고풍스럽게 보인다. 며느리와 딸들이 다

싫다고 하니 뒷집 새댁 주면 좋아할까 봐 물어본 것이라 한다. 가슴이 뛰었다. 외갓집에서 보아온 백토 옹기였다. 백토의 아름다움에 힘찬 새 문양이 있는 정통 물항아리였다. 또 하나는 입구에 양각으로 두 줄이 있는 단정한 동이 모양이 예뻤다. 이걸 내게 주면 섭섭하지 않겠냐고 하자 이제는 힘에 부치니 온 김에 가지고 가라 한다.

며칠 뒤 떡을 해서 할머니 집으로 갔다. 인기척이 없다. 담 너머 순경 댁에 가서 할머니 안부를 물었다. 집을 팔고 아들 집으로 들어가셨단다. 마지막까지 애지중지하였을 단지를 이사 가기 전에 내게 준 것이다. 그때는 얼떨결에 고맙다는 인사만 했지 자그마한 선물하나 전하지 못한 것이 맘에 걸렸다.

나도 주택을 팔고 잠시 아파트로 왔다. 김해 대동 주택을 수리할 동안만 잠시 있기로 한 게 가로수 벚꽃이 두 번 피고 졌다. 어느 날 옆 동에 사는 키 자은 노인이 찾아왔다. 잠시 당신 집으로 같이 가자고 한다. 집이 깔끔했다. 벽에 걸린 액자는 유화였다. 베란다에 얌전히 놓인 눈물단지를 가리키며 가지고 가라고 한다. “아파트를 다 둘러봐도 이 단지 임자는 댁뿐이요”라고 한다. 딸도 관심이 없고 노인도 팔십이 넘었으니 이 물건을 잘 사용할 줄 아는 사람을 찾았는데 나더러 임자라며 선물로 주고 싶다고 한다. 무슨 말이 필요하겠나. 내게 없는 눈물단지다. 너무 깨끗해서 구작인지 신작인지 얼른 구별되지 않았다. 염치불문하고 한 손에 하나씩 잡고 와 집 베란다에 앉혀 놓았다.

주택에 살 때 선물도 하지 못한 할머니 생각이 나서 얼른 안방 의걸이장 문을 열었다. 양파 껍질로 곱게 물들인 미색 명주 머플러를 한지에 포장했다. 눈물단지에 대한 화답이다. 그 자리에서 풀어 보던 노인은 색깔이 곱다면서 흡족해한다. 명주 하나면 육촌까지도 따뜻하다며 좋아하신다. 이렇듯 귀한 옹기들이 내게 온 지도 삼십 년이 되었다.

오늘은 놓을 자리를 위해 여기저기 세워둔 옹기들에 번호를 붙인다. 유약이 예술적으로 번져서 멋진 항아리지만 양 손잡이가 없어서 내게 온 것도 있다. 자리를 잘 잡아 줘야겠다. 호피무늬를 연상케 하는 잿물의 무늬옹기는 아직 말짱하다. 묵은 간장독이다. 매끄럽고 날씬한 몸을 가진 물항아리는 제 기능을 충실히 해내고 있다. 옆으로 둥그스름하게 퍼져 있는 밤 항아리는 여럿 있다. 두 할머니에게 받은 옹기들은 원형 그대로다. 장독대 맨 앞줄 명당자리에 모셔야겠다.

옛 옹기는 숨을 쉰다는 장점과 고풍스러움에 금이 간 것도 땜질해서 장독대에 두고 보살핀다. 잘 만들어진 도자기는 천년이 지나도 아름다움을 유지하여 실생활에서 사용이 가능한데, 전통옹기는 50년 정도 사용하면 부식되어 발효 기능이 떨어진다. 전통옹기는 음식을 보존하고 발효하기 위한 주방용품이므로 낮은 온도에서 구워내어 쉽게 부서지고 균열이 생긴다. 그렇지만 어떻게 사용했느냐에 따라 생명은 연장이 된다. 속을 비워서 햇볕과 마주하고 맑은 물을 넣어 하늘을 품게 하면 더 오래 버틴다.

세상이 변해도 그 민족만이 가지는 특별한 게 있다. 옹기는 한민족만이 가진 독특한 저장 용기다. 쌀과 간장, 된장뿐만 아니라 술통과 감주 단지, 물드므*로 우리 곁을 지켰다. 플라스틱과 스테인리스 그릇의 등장으로 옹기 쓰임새가 줄어들고 있지만, 기능성을 띤 발효 옹기들을 다시 애용하는 날이 오리라 믿는다. 나는 지금도 술을 빚을 때 옹기를 사용한다. 독 안에서 술이 익어가는 소리는 향수 그것이다.

꿈꾸어 오던 네모반듯한 장독대는 아니다. 기역자로 길게 만들어졌다. 이 장독대를 만들기 위해 수년이 걸렸다. 장독대도 연못처럼 폐품으로 만들었다. 모든 자재를 자급자족한 터라 비용이 들었다면 내 땀의 노력인 인건비가 전부다.

장독대 품속에 모여서 나와 더불어 살아가고 있는 옹기들이다. 씻고 닦아서 반질반질하다. 나란히 놓인 선물 받은 백토 옹기와 눈물단지를 보며 생각한다. 훗날 나도 받은 것을 남에게 미련 없이 줄 수 있을까. 나도 나이가 들어간다. 애지중지 귀히 여겨 사용할 줄 아는 사람을 찾아봐야겠다. 주위를 살핀다.

* 물드므: 아이들만 들어가서 목욕할 수 있을 정도의 물동이 겸 물통으로 지금은 사라졌지만 골동품으로 귀하게 여기는 우리 옹기의 한 종류다.

오전 열 시, 수필의 매력에 빠지다

비 그친 5월 아침은 싱그럽다. 김해시에 속하지만 변두리인 전원 속 내 작은 집 앞마당엔 키 작은 꽃들이 융단처럼 깔려 있다. 올해는 더위가 빨리 온 듯하다.

반짝이는 초록 잎 사이로 빨간 양앵두가 살랑살랑 몸을 흔든다. 따야 할 때가 되었다. 작년에 만들어 놓았던 작은 박바가지에 소담스러운 앵두를 씻어 담는다. 고졸한 박바가지와 세련미 넘치는 붉은 앵두의 만남이 멋스럽다. 요즘 수필 강의에 푹 빠졌다. 매주 정해진 날 강의를 듣는다. 그 덕분에 시간만 나면 황토방 너른 유리 창가에 앉아 밖 풍경을 보며 남의 수필도 읽곤 한다.

몇 해 전부터 문학에 관심을 가지고 문을 두드렸지만 두

려웠다. 다가갔다 돌아섰다를 반복했다. 수필의 정석과 이론을 배우고 싶었다. 기회가 없었다. 마침 지인의 소개로 3월 개강이라고 해서 덜컥 등록부터 했다.

오전 열 시 수업이니 김해 대동 집에서 여덟 시에 나와서 부산으로 간다. 먼 거리를 운전하면 기력이 빠져 수업에 지장이 있을까 봐, 강서구청 앞 해수목욕탕 빈자리에 차를 세워 놓고 지하철을 탄다. 두 번 갈아타고 강의가 있는 곳까지 걸어간다. 이렇게 먼 거리를 교통수단을 바꾸어 타면서 가는 것은 또 다른 인문학인 수필의 매력에 빠졌기 때문이다.

처음에는 거리가 멀어 포기하게 될까 걱정했다. 지금은 이 공부가 내 모든 일과 중에 일 순위가 되었다. 멀어도 강의시간 20분 전에 도착한다. 강의가 있는 월요일은 될 수 있는 대로 오후 일정은 잡지 않는다.

이날 아침은 바쁘다. 가방에 오늘 배울 교재와 연필, 아침 일찍 딴 앵두도 신문지에 싸 넣는다. 강의를 듣는 학생들은 모두 중년을 훌쩍 넘긴 나이다. 문학을 공부한 지 오랜 분들이 대부분이다. 그런데도 새로운 수필의 세계에 흠뻑 빠져 모두 행복해한다.

강사 선생님은 '수필은 고백의 문학이며 체험의 기록이다, 글이 갖춰야 할 조건과 사람이 갖춰야 할 조건이 있다'

고 말한다. 주재료, 분량 조절, 문단 조절, 문장 쓰기, 제목 만들기, 마무리에서 수필적 기교와 사색적 의미나 여운, 서정성 등을 발휘하라고 일러 준다. 퇴고할 땐 반복해서 읽어보고 내용, 구성, 문장 등을 점검하라고 강조한다. 배울수록 잘 왔다고 속으로 속삭이며 열심히 듣고 메모한다.

재치 있고 몸이 날랜 반의 총무가 갖가지 마실 차와 다식을 준비해 놓는다. 그 사이에 내가 가지고 온 앵두도 올려놓는다. 졸지 않으려고 커피를 한 잔 마시고 수업에 임한다. 한 시간은 이론 수업이고 한 시간은 학생들의 창작 발표 시간이다. 다양한 사연과 경험들과의 만남이다. 자신의 글을 읽으며 감정에 북받쳐 눈물 젖은 음성이 끝내 울음으로 변하기도 한다. 곁에 앉은 문우가 낭랑한 음성으로 대신 읽으며 마무리할 때, 우린 다 같이 박수를 보낸다.

고명딸만 알아보는 치매에 걸린 친정엄마를 모시고 하루를 뜻깊게 보낸 문우의 글은 애잔하면서도 우울하다. '엄마 토요일 또 올게. 응, 엄마.' 오래도록 여운이 남는 글이다. 혈압으로 쓰러져 자식들의 따뜻한 간병 한 번 받아보지 못하고 돌아가신 친정엄마가 어른거렸다. 엄마 보고 싶어, 미안해 엄마. 내 눈에서도 슬픈 별이 떨어진다. 효도도 시기와 때가 있다는 걸 새삼 되새겨 보는 시간이다.

커피잔을 달달 떨면서까지 사랑한 첫사랑을 쟁취한 승리감에 힘든 시집살이도 잘 참으며 살아왔다는 문우, 꽁꽁 숨겨 두었던 비밀도 다 까발려서 유쾌한 웃음을 선사하는 예비수필가의 글들이 나를 긴장시킨다. 재미있다. 박진감이 넘친다.

그런데 욕심이 생긴다. '만만찮은 내 인생을 한 번 펼쳐봐' 하는 마음에 벌써 흥분되고 어깨가 솟아오른다. 문법도 제대로 모른다고 부끄럽다가도, 이만하면 내 인생 책 두 권은 쉽게 쓰겠다며 걷지도 못하는 게 뛸 생각을 하고 있다. 이러면 안 된다고 시건방진 생각부터 고쳐먹는다. 남모르게 차곡차곡 실력을 쌓아서 어느 날 내 글도 감동을 줄 수 있게 써야지. 뒤늦은 공부지만 용기 있게 도전하기로 한다. 마음을 다잡는다.

삭

돌은 대지다. 식물이 뿌리를 내리는 곳이 대지다. 딱딱한 돌에는 숨 쉬는 구멍도 없지만 초록이끼가 포근히 돌을 감싸고 있다. 이끼가 자라는 그곳에서 돌은 분명 대지다. 작든 크든 바위의 아랫도리엔 수많은 이끼 군락지가 있다. 숲에 가려서 보이지 않지만 생명을 잉태시키고 보존해가며 살고 있다.

이끼는 포자에 의해서 생식이 이루어진다. 포자를 생산하는 포자낭이 삭이다. 우리나라에 이끼 종류가 여럿 있지만 그 개체 수는 잘 모른다. 그중 내가 십여 년 가꾸고 키우는 이끼는 솔이끼와 우산이끼 두 종류다. 1986년 부산들꽃모임 창립 전시회 때 이끼를 올렸다가 푸대접받고 진열대에 올려보지도 못한 후로는 쳐다보지도 않았다. 최근에 관심 기울여 다시 보니 내 꽃밭 한 모퉁이에서 초록 생명으로 존재감을 드러낸다. 주위를 포근하게 감싸는 듯한 분위기를 갖고 있는 이끼, 이끼는 비록 그늘지고 습한 곳에서 자라지만 자연 속에서는 매우 중요한 역할을 한다. 흙이 무너지거나 식물이 없는 곳에서 가장 먼저 정착하여 다른 생명들이 살 수 있도록 터전을 만들어 주는 배려 식물이다.

내가 사는 이곳은 화훼단지와 시설하우스가 대부분이다. 마을 하우스 옆으로 우산이끼가 자란다. 물을 제때 주지 않아 이끼가 사그라지면 떠와서 분에 올려 관리한다. 보잘것없는 이끼지만 가을이 되면 포자의 꽃대를 높이 올린다. 씨앗 맺을 준비를 하는 자연의 원리에 감동받아 꾸준히 키우면서 보살핀다.

구월 열아흐레 새벽 두 시, 앞마당에 섰다. 보름달보다 조금 기울어진 달빛이 마당을 훤히 비춘다. 어쩌다 잠이 오지 않을 땐 오늘처럼 꼬박 밤을 새우기도 한다. 손전등을 들고 나와 민달팽이도 잡고 꽃의 모습도 살펴본다. 달빛 아래 새치름한 털머위의 노랑 얼굴이 예쁘다. 분홍구절초, 흰구절초도 한껏 자태를 드러내고 있다. 일광 바닷가에서 시집온 해국이 고향이 그리운지 파리한 얼굴로 달님에게 고향 소식을 묻는다. 2세를 남긴 달맞이꽃은 로제트가 되어 내년을 기약하고 취꽃도 후손을 남겼다. 나도닭덩굴의 야무진 얼굴이 또록또록 가을마당을 수놓고 있다.

그동안 낮에만 봐오던 이끼가 밤에는 어떤 모습일까. 희미한 달빛에 삭의 모습은 여리고 작아 잘 보이지 않는다. 손 돋보기에 담긴 삭들의 군무가 희열에 떠는 모습이다. 주인을 만난 작은 몸이 파르르 기척을 낸다. 대지를 향해 발사하는 저 작은 삭들이 분홍 털복숭이 정자 같다. 여인의 자궁 속에서 힘차게 유영하는 정자는 은밀하게 이루어지는 위대한 생명이지만, 밟으면 사그라들 줄 알았던 여린 생명들이 허공에 대고 힘차게 삭의 끝을 터뜨려 대지에 뿌리고 있다. 잘 익은 수밀도 액처럼 한 가닥 거미줄처럼 달빛에 반짝 빛난다.

달님마저도 전율하며 하얗게 질려있는 뜰 안, 빛이 분석, 만유인력, 미적분법 업적을 남긴 뉴턴을 만난 기분이다. 자연 앞에서 눈부신 생명의 씨앗들이 꼬물꼬물 움을 틔우는 찰나를 지켜보는 나도 얼어 있다.

안개비가 내리는 날 밤에도 마당으로 나왔다. 빗방울을

이고 있는 삭의 작은 물방울들이 윤슬처럼 빛난다. 삭은 비 오는 날에도 달밤에도 내게 떨리는 감동을 안겨준다. 자연의 경이로움 앞에서 말을 잊게 하는 이 밤, 우주의 신비함이 푸르게 빛나는 달빛 속에 서 있다.

신고식

드디어 글의 앞뒤 순서가 맞춰지고 있다. 그럴 때 난 들뜬다. 들뜬 마음을 가라앉히기 위해 글과 상관이 없는 다른 일을 한다. 밤을 삶고 창문을 열어 앞마당을 내다본다. 처녀 적처럼 왜 이리 가슴이 뛰는지 모른다. 잘 된 게 맞겠지. 그래도 한 번 더 맞춰 봐야지. 왜 이럴까 하면서도 정작 손은 엉뚱한 일을 한다.

요즘 새로 생긴 버릇이다. 커피잔을 앞에 놓고 다시 읽어본다. 느끼고 알고 있는 것과 할 말은 다 적어 놨는데 뭔가 부족하다. 영 아니다. 쓰고 지우기를 되풀이하는 동안 시나브로 글의 틀이 꿰맞춰져 간다. 그런데 다시 읽어보면 가슴 뛴 좀 전의 기분은 온데간데없다. 맥이 탁 풀리면서 실망스럽다. 자신에게 냉정해지기까지 한다. 이럴 땐 덮어두는 게 상책이다. 책상 서랍 속에는 또 하나의 미완의 글이 쌓인다. 겁 없이 달려든 지난날이 부끄러워지는 요즘이다.

펜을 놓고 앞마당으로 나간다. 마당에서 올려다본 하늘은 더없이 넓고 푸르지만 마음은 한없이 휑해진다. 답답할 때나 뭔가 풀리지 않을 때 꽃들에 위로받고 답을 찾았는데, 오늘은 평소 좋아하는 화단의 꽃도 시들해 보인다. 이쁘지도 않다. 바람에 가는 떨림만 보일 뿐이다.

빨랫줄과 다래나무 사이에 거미가 집을 지어놓고 방 가운데 앉아 손님을 기다리고 있다. 부지선정을 잘했구나. 기초공사에서 골조 공사까지 어쩜 저리도 완벽하게 지었을까. 자세히 살핀다. 조각조각 이어 붙인 모시조각보 같다. 내 글도 저렇게 꿰맞출 수만 있으면 오죽 좋을까. 내가 가진 손 솜씨로 저 거미처럼 정교하게 멋진 집 한 채 지어 올릴 수 있겠건만, 글솜씨는 아직은 턱없이 부족하다.

집을 지으려면 토목 공사, 기초 공사, 골조 공사, 외장 마감, 내장 마감 순서가 필요하다. 경제적이면서도 안전하게 기능성을 갖춘 집을 지을 때는 수십 종류의 재료가 들어간다. 기술자와 인부와 충돌도 인다. 인건비도 만만찮다. 그래도 또 욕심을 내보고 다른 집과 비교도 해보며 부족한 부분을 보충하면서 무리하게 투자해도 결국엔 마음에 들지 않는다며 후회한다. 내가 쓰고 있는 글도 마찬가지다.

사람과 달리 거미는 몸속의 끈적한 액으로 홀로 한 땀 한 땀 설계를 하면서 집을 짓는다. 비바람에도 끊어지지 않는 튼실한 재료다. 인내와 고독을 견디며 집을 완성하는 거미를 초일류 기술자로 명하고 싶다. 짓궂게 골조 격인 한 모퉁이 줄을 당겨 보았다. 집은 기둥을 빼면 기울고 넘어지지만 거미집은 조금 출렁일 뿐이지 무너지지 않는다. 출렁임에 몸을 맡길 뿐 미동도 하지 않는다. 신기할 따름이다.

문득 친정아버지가 떠오른다. 젊은 시절 아버지는 시청 건설과에 근무하셨다. 지금 계시면 거미 집에 대해 한 말씀 들을 수 있을 텐데. 반대하는 결혼을 하고 단칸방을 얻어 살림을 나왔다. 어느 날 손수 장판과 벽지 뭉치를 사 들고 오셨다. 대자, 줄자로 도안하고 자르고 풀을 발라 당신 혼자서 벽지를 바르셨다. 꽃무늬, 나무, 구름까지 그림 연결이 완벽했다. 걸상에 두 발의 힘을 모으고 높은 천장의 줄 모양도 비뚤어지는 법 없이 선을 그은 듯 정확했다. 홀로 작업을 하신 긴 시간은 맏딸에 대한 사랑의 표시 방법이셨다. 방 도배가 끝나자 작고 예쁜 따뜻한 방이 되었다. 마른 수건으로 꾹꾹 눌러 가며 마무리 하시는 그 시절 젊은 아버지 모습이 맑은 하늘을 가득 채운다.

운동화로 갈아 신고 강둑으로 나갔다. 강 건너 금정산 고당봉을 쳐다본다. 부산에서 태어나 살고 있지만 저 고당봉을 아직 한 번도 가보지 못했다. 시골 생활을 시작했을 때 외사촌 형제들이 찾아왔다. "마루에 앉아 있으니 금정산 고당봉이 한눈에 보이네" 해서 강 건너 앞산이 금정산이고 정상의 바위가 고당봉이라는 걸 알았다. 바라다보니 끝이 뾰족하다. 내 문학의 표상 문필봉으로 삼으면 분명 영험한 기운이 있을 것 같다.

고당봉이 새롭게 보인다. 위엄이 서린 듯 봉우리가 품격 있게 보인다. 수천 년의 세월을 정상에서 홀로 고독과 대치하며 구름의 구애도 밀어내고 절개를 지킨 고당봉이 아닌가. 오늘은 저 고당봉에 가보리라. 지난해 심어 놓은 글의 씨앗이 땅을 밀치고 쑥욱 돋아나올 것만 같다. 아직은 거미보다 부실한 글 목수지만 글 한 편을 들고 문필봉의 기운을 받기 위해 가서 신고식을 해야겠다. 이제 시작이니까. 책상 서랍 속에 넣어둔 미완의 글도 오늘은 기지개를 펼 듯하다.

도전하고 경험하고 싶은 마음이 있다면 청춘이라든가. 나를 영원한 청춘으로 있게 할 글의 세계로 떠난다.

졸업 다례

우리 아기 병아리들이 벌써 졸업이다. 세월이 참 빠르다. 마주한 지가 일 년인데 졸업이라는 의례적인 행사를 맞이하게 되었다. 어린 원생들이 이제 학교라는 규율적인 생활을 하게 될 것이기에 졸업 다례식을 하기로 원감 선생님과 결정했다.

돌아보건대 첫 수업을 했던 날을 기억해 보면 저절로 미소가 지어진다. 다례 순서에는 관심이 없었다. 다식에만 눈길을 주고 다화를 만지고 몹시 산만했다. 듣는 것조차도 제대로 되지 않았다. 매번 준비한 계절 꽃과 손수 만든 갖가지 다식은 수업에 집중력과 관심도를 높여갔다. 점차적으로 의젓해져서 이렇게 행사의 주축이 되어 식을 치르게 되니 감회가 새롭기 그지없다.

유아들의 다례교육은 전통적인 성인 방식의 엄격한 통제와 의식 위주에서 벗어난, 따르고 마시는 정도의 간단한 행다례다. 아이들이 오감으로 몸소 하는 체험에 중점을 두었다. 눈으로는 찻물색의 아름다움을 보게 했다. 귀로는 찻물 따르는 소리를 듣게 했으며, 코로는 차의 향기를 느끼게 하고, 입으로는 차와 다식의 맛을 즐기게 했다. 손으로는 흙으로 빚은 다기의 부드러운 질감을 느끼게 했다.

매 수업 때 다탁 앞으로 조용히 둘러앉은 아이들이 눈을 동그랗게 뜨고 귀를 쫑긋 세워 조그마한 침묵을 선물할 때마다 차향이 무색해질 만큼 행복했다. 그것은 오직 이 할미의 사랑하는 심정이었으리.

두 손을 곱게 모아 공수 자세로 절하는 것을 생활화했다. 차를 우려서 친구 먼저 대접하는 주인 역할과 손님 역할 놀이를 통해 배려와 더불어 사는 공감대 형성의 분위기로 수업을 이끌어 갔다. 사회공동체의 일원임을 무의식중에 느꼈으면 했다. 어린 원생들도 곁눈질한다. 옆 친구를 쳐다보며 틀린 손동작을 따라 배우는 것을 볼 때의 그 흐뭇함은 그 어떤 기쁨보다 컸다. 참으로 의미 있는 참 생활교육의 하나라는 생각이 들었다.

또한 자녀와 함께 경험토록 한 학부모 참여 다례 수업도 했다. 원생들이 주인이 되고 부모님은 손님이 되었다. 비발디 사계 현악 선율이 실내 분위기를 타고 흘러내렸다. 편지가 오고 갔다. 자녀와 함께한 이들의 웃음과 오가는 말들이 실내에 가득 찰 무렵, 어떤 부모는 아이가 부쩍 큰 대견함에 기쁨의 눈물을 흘리기도 했다. 그때 볼을 타고 흐르는 내 눈물을 어찌 잊을 수 있겠는가.

함께한 시간이 흘러서 졸업 다례까지 하게 되었다. 아이들과 선생님들과 우리 모두 기억에 남을 행사로 뜻깊게 하고 싶었다. 예행연습을 했다. 원생들은 각자 예쁜 한복을 입고 앉았다. 나는 단아하게 쪽머리 짓고 직접 염색한 연두색 저고리에 보라색 치마를 입었다. 정성들여 화장하고 볼연지 살짝 하고 마주하니 우리 전통문화의 운치 있음이 새삼 감격스럽다. 가슴 벅차오르는 자존감으로 예행연습을 시작했다.

손님과 주인 역할을 제법 익숙하게 하는 아이들이 어찌나 대견스럽고 사랑스럽던지 눈시울이 젖었다.

당일 졸업식 다화는 남천의 붉은 잎과 열매로 준비했다. 천연 과즙으로 색감을 더해 만든 강정이 한입에 쏘옥 들어가게 다식도 준비했다.

물, 빛, 향기의 전통 다례 음악을 배경으로 은은함과 성숙한 분위기에 맞춰서 고사리손들이 오가며 침착하게 마무리하는 다례 졸업식을 지켜보며 흐뭇했다. 아이들이 각자 지닌 소성, 개성, 재능, 모양새가 생김새는 비슷하지만 서로 다른 향 다른 맛 다른 색감을 띄는 찻잎이 생각났다. 그 찻잎들이 한 다기에서 우려져 어울림으로 빛어낸 아름다운 다향이 되듯, 아이들 공동체 의식의 하나 됨이 기쁨을 안겨줬다. 원생들이 내게 준 기특하고 특별한 선물로 기억에 오래 남을 것이다.

선생님의 사투리

햇수로 9년째다. 구청에서 약용식물반 수업 때 노 선생님을 처음 만났다. 그 인연이 오늘날까지 끈끈하게 이어지고 있다. 약간 검은 피부에 소탈한 데다 이웃집 아저씨 같아서 정감이 갔다. 수업 첫날 약간 촌스러운 멋과 덜 세련된 말씨 때문에 옆에 앉은 지인과 눈맞춤으로 웃으며 서로 민망해하던 기억이 난다. 선생님의 해박한 지식이 사투리에 갇혀서 얼른 알아차리기가 쉽지 않았지만, 일주일에 한 번 듣는 수업을 이 년 연달아 공부했다. 선생님은 김해 인제대학 평생교육원에서도 강의하는 분이다.

구청에서 수업받은 사람과는 달리 인제대에서 배운 사람들은 기수별로 모여서 서로 농장을 방문하고 약초 공부도 한다. 그 덕에 나도 어울리게 됐다. 선생님의 배려 덕분이다. 해마다 간장을 담그고 메주를 만들며 전통 식초와 탁주에 손두부도 만든다. 수업 중 탁주를 만들 때 대동 평촌마을 우리 집을 실습장으로 썼다. 실습장이 없으면 이론 공부를 하지만, 자리가 만들어지면 고두밥 쪄서 넓은 평상에 펴고 일련의 과정을 내 손으로 만든다는데 의미가 더해졌다. 신문지에 불을 붙여 옹기 안의 균을 죽이는 시연도 보여 주셨다. 화기애애하게 보낸 세월이었다.

야생화 취미 생활이 큰 도움이 되었다. 약초 수업 때 들은 바에 따르면 우리나라 토종식물이 많았다. 하여 뿌리가 약용이 되는 것과 잎과 줄기가 약이 되는 것도 분류할 줄 알게 되었다. 선생님은 사석에서는 "인생 별거 아입니더"로 시작하는 건강 이야기, 가정사, 친구 이야기와 약초의 효능까지 연장 수업으로 이어질 때 정말 재미가 있었다. 선생님의 죽마고우가 제자로 같이 어울리는 것만 봐도 인간미가 그대로 느껴졌다.

선생님의 단감나무 이야기는 유명하다.

'요새 단감이 시장에 많이 나오고 있십더. 가격도 헐코 맛도 좋아서 누구나 쉽게 사 묵을 수 있는 과실임니더. 오천어치만 사도 한 보따리를 주니까 과실 중에서 제일 헐코

흔해빠진 과실이지만 70년대 이전까지만 해도 아무나 쉽게 사 묵을 수 없을 정도로 비싸고 귀했심더. 전국에서 진영에서만 재배되어 온 단감나무는 일본 사람들이 처음 재배하기 시작하였는데, 그 진영 단감을 아마가끼라 캐가지고 억수로 귀한 고급 과실로 대부분 서울이나 부산에 돈 많은 사람들이나 즐길 수 있었심더. 우리가 중고등학교에 다닐 때만 해도 진영 시외버스정류장에서 실로 엮은 작은 그물자루에 다섯 개 정도 넣어서 팔았지만 그거 하나 사 먹지를 못해 봤심더. 진영서 단감나무 세 그루만 있어도 자식 대학교 보낸다 카는 말이 있을 정도 였으니까예.

와 그러쿰 귀했노 카믄, 단감나무는 진영에만 재배가 되고 다른 곳에서는 재배가 안 되는 줄 알고 처음부터 심어볼 생각도 안 했고 묘목도 구하기 어렵고 재배 기술도 없었기 때문에 단감 과수원을 하던 사람만 하는 줄로 그렇게 알고 있었심더. 남귤북지라고 남쪽 귤을 북쪽에 심었더니 탱자가 되드라 카는 것만 알았고, 실제로 학교에서 배울 때도 단감을 서울에 심었더니 떨감이 되어 뿐다 카믄서 가르치고 배웠심더. 그랬는데 내가 고등학교에 다닐 때 그때부터 단감 품종도 개발이 되고 단감나무 묘목도 많이 팔기 시작하믄서 퍼져나가기 시작을 했심더. 단감이 진영에 말고 다른 지역에 없었던 거는 아닙니더. 종자가 진영 단감하고는 완전히 다르지만 맛이 달콤한 재래종 단감나무가 있었는데 우리 동네에는 태호 저거집 담 너머에 있었고 우리 큰집 난수밭 끝에 있었는데 태호 저거 꺼는 굵고 좋은 종자지마는 큰집 꺼는 씨가 너무 많고 크기도 탱자만 해서 묵을 것도 별로 없었는데 우리는 그 감이 익기도 전에 다 따묵어뿌서 어른들은 물론이고 누야도 맛도 제대로 못보셨을 낍니더.

내가 고등학교 3학년 때로 기억되는 1964년도 가을입니더. 종률이하고 수차이하고 방앗간 앞에서 놀고 있었는데 종률이가 “이 나무 이거 단감나무데이” 하면서 작은집 담부랑 너머에 있는 감나무를 가르키며 카는 말입니더. 그 나무 둥치에는 까시나무를 둘러놓고 새끼로 묶어 놓아서 아이들이 올라가지 못하도록 해놓았는데, 가지의 반 정도는 작은집 마당으로 넘어가 있었십더. “지금쯤 단감이 맛이 들었을 낀데 내가 올라가서 몇 개 따서 내려올끼니꺼네, 니는 요개 서서 망을 쫌 보고 있다가 주인이 나오거들랑 노래를 해라.” “므슨 노래를 하꼬?” “바다에는 굳세어도 사랑에는 약한 것이 마도로스다. 그거 해라.” 감하고 마도로스하고 아무 상관이 없지마는 우쨌거나 “알것다.” 그래 놓고 종률이는 가시나무를 걷어내고 감나무 위로 올라갔심더. 종률이는 감을 따서 주머니에 넣고 하다가 감 두 개를 널짜뿟심더. 톡톡 작은집 마당에 단감 두 개가 떨어지는 소리가 났는데 그 소리를 작은방에서 놀고 있던 옥현이하고 득현이가 들었능기라예.

쪼매이 있으이꺼네 옥현이하고 득현이가 단감을 주울라꼬 대한등을 들고 마당으로 나옵디더. 그 당시에는 전기도 없을 때라서 대한등 두 개 켜놓고 밤에 방아를 찧었으니 대한등의 밝기는 대낮같이 밝다고 생각할 때니끼, 감나무 위에 사람 있는 거 환하게 보일꺼 같았심더. 담 너머에서 나는 옥현이와 득현이가 보이꺼네 바로 감나무 밑에서 감을 찾고 있는기라예. 나는 담 너머에서 옥현이를 불렀심더. "옥현아 니 밤중에 뭐할라꼬 마당에 나오노" "조금 전에 감 널찌는 소리가 나서 감 주울라고 나왔다." "옥현아, 득현아, 감 안널찠다. 빨리 방에 드가거라 쪼매난 아이들이 어둡은데 나오믄 매구 나온데이." 그렇게 말해도 안드가고 대한등을 들고 여기저기 비추믄서 감을 찾고 있으이꺼네, 감나무 위에 있는 놈은 간이 콩알만 해가꼬 꼼짝도 안하고 있었심더. 나는 빨리 아이들을 쫓아 보낼라꼬 "옥현아! 득현아! 너거 빨리 방에 안드가나. 매구가 지금 저게서 온다카이.” 그렇게 옥현이하고 득현이는 널찐 감도 못 찾았는데 내가 억지로 후차 보냈고 감나무 위에 있는 놈은 내려와서 주머니에서 감을 내놓는데 보이꺼네 탱자만 한 감을 댓개 땃습니더. 그 단감 참 달대. 그라고 작은집 마당에 널찐 감은 그 이튿날 아침에 옥현이가 주웠는지 득현이가 주웠는지는 안 물어봐서 모르지만 저거가 꼭지가 안 빠진 감이 널찐 거를 이상타 캣을 낌니더.’

5월에 피는 많은 꽃 중에 얌전한 꽃, 잎에 가려 보일 듯 보이지 않고 가까이 가야 볼 수 있는 그 감꽃의 계절이 다가온다. 글을 쓰는 지금도 선생님의 정겨운 사투리가 그립다.

겨울 바다

바다를 바라보는 마음은 밝지 못하다. 생각하고 싶지도 않으면서 생각하면 애잔한 마음뿐이다. 때로는 의문투성인 바다가 무섭기도 하다. 그래도 바다를 지척에 두고 살아가고 있다. 영도 봉래동2가 151번지, 바닷가 앞보세창고가 있는 곳은 단발머리 소녀가 꿈을 키우며 놀았던 놀이터였다.

김장철이었다. 이웃 사람들이 모여서 배추에 양념을 바르고 땅속에 묻어둔 김장독 속으로 김치를 넣는데 굉장한 폭음소리와 함께 땅과 집이 흔들렸다. 동네 한복판에 우물이 있는데 거기서 폭탄이 터졌다고 한다. 한 아이가 오더니 □□이 다쳤다고 한다.

육이오 사변 후 많은 고철을 수입하여 모아둔 장소가 보세창고 야적장이었다. 아버지는 보세창고를 운영하셨다. 남동생이 그 고철 더미에서 뇌관에 박힌 구슬을 빼려다 폭파하면서 한쪽 눈과 손을 잃었다. 아버지는 장남을 불구로 만든 걸 다 당신 탓으로 여기며 죄인이라고 괴로워하셨다. 그 당시 정서로는 불구자는 혐오감을 주는 대상이었다. 집안의 수치였다. 지금처럼 장애인이라는 말이나 그 어떤 복지혜택도 없었다. 다만 병신새끼라며 무시하고 업신여겼으며 멀리서 흉보던 시절이었다. 더구나 장남이 불구가 되었으니 저 집안도 이제는 끝났다며 수근거렸다. 그 아픈 세월을 이겨내기 위해 아버지는 단발머리 철없는 나를 통통배에 태워 나가서 한 바다낚시가 유일한 낙이었고 피난처였다.

시고가 난 뒤 아버지는 보세창고업도 소홀히 했다. 술로 세월을 보내기도 했다. 술이 몸을 흔들어 이리 삐뚤 저리 삐뚤 하면서도 양복 깃을 바로잡으며 집으로 잘 찾아오셨다. 평소보다 더 말이 없었고 침묵으로 허공만 바라보셨다. 울음을 토하는 장소가 오직 망망대해였다. 집안 분위기는 남동생 위주로 흘러갔다. 동생과 놀아주는 친구에게 우리들이 신고 다녔던 흰 말표 운동화도 사주었다. 아버지의 아낌없는 후원에 동생은 밝고 당당하게 커나갔다.

지금은 한국해양대학이 아치섬을 다 차지하고 있다. 그 옛날엔 물살도 세고 사람이 살지 않았다. 갈매기의 낙원이었다. 배 위에서 봐도 둥그스름하고 숲도 많아 예쁜 섬이었다. 영도 봉래동에서 통통배를 타고 가면서 아버지는 아치섬을 가리키며 섬 이름도 익히게 했고 인당수처럼 물살이 회오리로 일기 때문에 그 근처에는 갈 수가 없다고 했다. 파도가 쳐서 배 안으로 바닷물이 들어와도 아버지와 같이 있었기에 무섭지 않았다.

한낮의 바다는 유순했다. 가만가만 흔들리는 파도 위에서 아버지가 바다낚시를 했다. 배 위에서도 먼바다를 바라보던 아버지, 통통배 소리에 맞춘 헛기침은 아들을 다치게 한 한을 달래는 속울음이었다. 푸른 바다 물살이 아버지의 눈물이었던 것, 울 장소가 바다였다는 걸 먼 훗날 알았다. 불구가 된 장남 앞에서는 울지 못하다가 바다 한가운데서 파도 소리와 갈매기 소리에 한을 묻었던 아버지. 돌아오는 저녁 무렵 바다는 더 크게 뒤척였고, 아버지 눈에서도 슬픈 파도가 출렁거렸다.

낚싯대로 건져 올린 싱싱한 바닷고기의 탱글탱글한 맛을 잊지 못하는 철없는 딸이었다. 그때의 아버지보다 더 나이 들어서 바다를 보며 생각한다. 바다는 내겐 쓸쓸한 추억뿐이다. 젊은 아버지의 고뇌에 찬 한숨 소리, 그 바다에 지극정성으로 비손하는 엄마의 모습까지….

음력 정월 열나흘, 겨울 날씨는 깊을 대로 깊어 땅을 밟으면 흙은 얼어서 뽀드득 뽀드득 소리가 났다. 그 추운 날 밤 엄마를 따라 바닷가에 갔다. 깨끗한 곳을 골라 집에서 싸 온 제물을 차려놓고 용왕님께 한해의 무탈함을 비는 엄마 뒤에 서 있었다. 엄마가 만든 털실로 짠 목도리와 벙어리장갑을 끼고도 몸이 떨렸다. 해마다 정월 초순이면 겪는 연례행사였다. 춥다고 안 갈 수도 있었지만 육 남매의 맏이라는 사명감으로 엄마 뒤를 따랐다.

육십 년이 지난 지금도 겨울 바다에 서면 어린 시절의 내가 보인다. 젊은 아버지와 두 손 모아 간구하는 엄마가 파도 위에 서 계신다.

2부

하찮은 이끼라도

덕산 돌 위의 솔이끼

여행 · 장꽃 · 만삭의 봄 · 디딤돌 · 바가지 만들기

꽃 누비 · 보물찾기 · 하찮은 이끼라도

여행

교사인 두 딸이 방학 기간에 9박 10일 터키 여행을 결정했다고 한다. 걷기 연습도 하고 체력단련을 위한 몸 관리를 잘하라고 이른다. 건강하고 다리 튼실할 때 가야지 미루면 늦다며 큰맘 먹고 가자고 한다. 한 번쯤 사양도 없이 미소로 답했다. 그간 2박 3일, 3박 4일은 있었지만 이렇게 긴 여행은 생전에 처음이다. 튀르기예에 대해서는 아무것도 모른다. 책을 사서 읽고, 가보고 싶은 곳에 밑줄 그으며, 이미 나는 여행길에 올랐다.

여행 1

아, 아픔은 평소와 달랐다. 불같이 달아오른 열기와 찢어지는 배를 움켜쥐고 내과에서 보낸 한 시간은 지옥이었다. 다시 대학병원으로… 두 병원의 검사기록을 들고 비행기에 올랐다. 순식간에 내린 결정이었고 내 의지는 어디에도 없었다. 자식들 가슴과 손에 얹혀가는 나약한 노인만 있을 뿐. 아들딸이 있는 서울을 이렇게 아파서 실려 오다니…, 질끈 눈을 감았다.

엄마, 우리가 다 알아서 할 테니 걱정 말고 계세요.

나도 알고 싶었다. 자식들 움직임이 이상했지만, 눈치만 살핀다. 최고의 의료진과 최첨단 기계 앞에 섰다. 두려움보다 이상하리만치 마음은 안정되어 갔다. 구름에 얹혀졌다. 어디론가 끝없이 가고 있는데, 엄마, 엄마 내 말 들려요? 귀에 익은 소리가 '엄마' 하고 부른다. '수술은 성공적으로 끝났습니다. 축하합니다.' 아들이 먼저 볼에 입 맞추고 딸 셋이서 연달아 볼을 비빈다. 손을 만진다. 측은하게 내려다본다.

자식들 앞에서 내 병의 뿌리를 묻고 싶지도 않았다. 엄마, 밖에 꽃 많더라, 꽃구경 갑시다 한다. 11월 초순, 휠체

어에 몸을 담고 병실 밖으로 나왔다. 잘 가꿔놓은 쉼터 사이로 시내처럼 물이 흐른다. 연못도 만들어 놓고 갖가지 꽃과 나무가 잘 정돈되어 있다. 한쪽엔 야생화 밭이다. 분홍구절초, 흰구절초가 가을을 노래하며 나를 환하게 맞이한다. 구절초 꽃잎이 바람에 파르르 떤다. 뭐가 춥다고 떨고 있을까. 추워서 떠는 것이 아니고 임이 오는 소리에 긴장해서 파르르 떤다고 답한다. 그래, 역시 너답다. 사랑스럽다. 곧 겨울이 오니 안쓰럽기도 하다. 꽃이여, 오래 그렇게 있어라. 우리 오래도록 같이 마주 보며 놀아보자. 서울의 하늘도 맑고 푸르다.

여행 2

두 번째다. 칠보산 자연휴양림 산자락이 봄날 짙어가는 신록 냄새로 그득하다. 내일이면 퇴소할 날이다. 봄기운을 받으러 산속 오솔길을 혼자 걸었다. 투두둑 꽃봉오리 벌어지는 소리가 들린다. 가느다란 나비 다리가 꽃잎을 박차고 날아간다. 꽃가지가 희열에 떨며 출렁출렁 봄을 흔든다. 따스한 기운이 가지 끝에서 손끝으로, 가슴으로 와 닿는 소리가 들린다. 오감은 열려 있다. 구절초 꽃대궁만 남겨 두고 모두 잠든 겨울, 중순에 왔을 때는 모든 것이 생소하기만 했다. 낯선 사람들과 어떻게 보내나 걱정하며 건강원 9박 10일 프로그램을 열심히 따라 했다. 칠보산 자연휴양림 전망대에도 오를 수 있었다. 나름 동안거와 면벽 고통에도 들어갔다. 불편한 동거지만 나약한 몸속에 머물다 가시라고 다독거렸다. 각 지방에서 온 환우들과 서로 위로하며 위로받았다.

자연이란 이렇게도 오묘한 것인가. 이틀 전에 온 비 탓일까. 졸졸 콸콸 철버덕, 개울물 소리도 다양하다. 바위에 부딪히고 풀잎을 희롱하고 저 혼자 신이 나서 아래로 바삐 내려간다. 자연의 순리다. 꽃피니 벌 나비가 밀애 끝에 씨앗 맺고, 흰나비 노랑나비 호랑나비 모시나비, 푸른색의 산제비나비들이 여기 모였다. 이곳 사람들은 일찍 피는 꽃을 진달래, 진달래 지고 나서 피는 꽃을 연달래라고 부른다. 진달래는 붉은색이고 연달래는 분홍색이다. 내가 좋아하는 색이다. 공기 좋고 물 좋아 치유가 잘된다고 하지만 이제 집으로 가야 한다.

아픔은 어느 날 느닷없이 찾아온다고들 하지만 일찍 오신 밤손님을 눈치채지 못한 미련함도 있었을 게다. 내 몸

살피며 홀로 일어서기를 해야 한다. 일상의 삶을 헝클어 놓은 지금, 오직 혈혈단신으로 견뎌내야 함을 안다.

여행 3

올해는 유난히 춥고 긴 겨울이었다. 삼동을 이겨낸 구절초가 튼실한 새순을 내밀었다. 어떤 어려움도 기쁨도 꽃과 함께했다. 꽃과 더불어 하는 생활은 살아가는 활력소였다. 그런데 하루에도 수십 번 꽃으로 가는 나를 붙잡는다. 나를 위해 글을 쓰기 위해 수필 여행을 떠나기로 한다. 이 길을 가기 위해 망설임과 장애도 있었지만, 운명도 연출이 가능하다는 말을 떠올린다. 내 운명을 개척하기로 했다. 튀르키예 여행은 안 가도 괜찮다. 병원 일정도 끝났고, 건강원 프로그램도 마쳤으며 아픔도 없어졌다. 몸이 회복되어 가니 못다 한 일들이 산더미같이 몰려온다.

모든 것을 뒤로 미루고 아버지 고향인 창원 동면을 여행지로 정했다. 사촌이나 육촌까지 아무런 연고도 없지만, 아버지가 돌아가시기 전에 한번 가보고 싶다던 곳이다. 그 옛날에는 부산에서 진영까지만 버스가 다녔다. 버스에서 내려 할머니 집까지 십 리 길. 아버지는 어린 나를 안고 어머니는 남동생을 업었다. 보따리 들고 그 먼 길을 어떻게 걸어가셨을까. 논두렁 건너고 밭을 가로질러 당신의 엄마를 찾아 단숨에 뛰어가셨겠지. 아버지의 푸른 음성이 들리는 그 길을 물어물어 가보고 싶다. 다녀와서 수필집 한 권 엮어 보리라.

장꽃

어, 꽃이 피었네. 엄마 장꽃이 피었어. 봐, 맞지.

장 뚜껑을 열고 하늘을 본다. 오동나무 팔부능선이 흐릿해졌다. 코끝이 맹맹해진다. 그 옛날 엄마가 말했던 것처럼 항아리 속 장물 위에 새털구름이 송알송알 내려와 있다. 장독 안에서 장꽃이 피어나는 법을 가르쳐 주던 엄마, 장꽃이 피면 한 해 농사 잘 지었다고 흐뭇해하시던 엄마가 생각난다. 그 엄마의 딸이 할미가 되어 장꽃을 처음 보고 있다. 기쁨의 장꽃인가, 슬픈 기억의 꽃인가.

장 담그는 일은 내겐 무서움이었고 나만의 금기였다. 20년 가까이 멀리했던 장 담그는 일, 행여 잘못되면 어쩌나 싶어 잊고 있었던 일을 시골 생활을 하면서 조심스럽게 다시 시작하게 되었다.

대연동 주택에서의 삶은 내 인생 희로애락을 아낌없이 가르쳐주었다. 넓은 대지에 반은 공장으로 반은 이층 주택을 지었다. 아담한 장독대도 만들었다. 정원엔 잘 다듬은 향나무가 서너 그루 있었다. 가정도 화목하고 사업 번창하던 어느 날, 앞마당 큰 향나무가 옆으로 넘어지면서 뿌리를 드러낸 꿈을 꾸었다. 단단하게 잘 다듬어진 나무가 왜, 후딱 일어나 큰방 창문을 열었다. 새벽안개 사이로 희미하게나마 가지마다 둥그스름하게 모양이 잘 잡힌 멋진 모습 그대로였다. 나무는 그대로인데 꿈이 쉬 사라지지 않았다.

어느 날 시어머님이 장독 뚜껑 열어 보란 소리에 놀라 장독대로 후딱 뛰어가 뚜껑을 여는 순간, 똥지게 썩는 냄새가 진동했다. 장독에서 어떻게 이런 냄새가 난단 말인가. 시어머니가 뚜껑을 들고 선 나를 향해 맨발로 달려오신다. 무릎을 친다. 우짜꼬, 안 되겠네. 이 또 무슨 말인가. 간장이 안 된단 말인가. 뭔가 순간 불길한 마음이 빠르게 스쳐 지났다. 물오른 마흔다섯의 구만리 앞날이 풀썩 주저앉았다. 냄새나는 간장은 끓이면 되는 줄 알았다.

시어머니는 장 단지를 그대로 엎어 깨어버렸다. 물을 동이째 갖다 붓고 소금을 뿌리고 혼잣말로 웅얼거리며 재빠르게 일을 치르셨다, 실낱같은 희망을 품고 그리하셨다는 걸 뒤늦게 알았다. 그게 극약처방이 되었다면 내 인생은 달라지지 않았을까.

마을의 정자나무 같았던 남자, □씨 집안의 기둥이었던 남자, 마흔아홉 건장한 나무가 그렇게 쓰러졌다.

장이 뒤집히면 살림이 가든지 사람이 간다는 소리를 수없이 들었다. 다시는 장 담지 않으리라고 속울음으로 날밤을 새웠던 지난날들이 후루룩 지나갔다. 잘못 담아서 간장이 뒤집혔을까. 죄인은 나였다. 엄마는, 내가 살아갈 날이 구만리인데 장을 담지 않는다고 살림을 못하는 것은 아니니 사서 먹으라고 했다. 나는 오랫동안 그 말씀을 따랐다.

기둥은 쓰러져도 자식들만은 잘 건사하고 싶은 마음에 장을 담그는 일은 애써 하지 않았다. 물걸레질로 반들거리던 장독대도 빛이 바랬다. 장독도 엎어놓고 쳐다보지 않았다.

울음의 뿌리는 가시였다. 총총 사 남매가 탱자 가시 울타리였다. 푸른 시간 긴긴밤을 가시 울타리 속에서 헤어나오지 못했다. 매달 피는 꽃도 임자가 없는데 무슨 소용이냐고 하시던 시어머님의 말씀은 돌덩이가 되어 내 가슴에 올려졌다. 어서 늙어서 꽃도 볼 수 없었으면 하고 기다렸다. 알짱 같은 자식을 잃은 시어머님은 그동안 자주 해오시던 밀주도 담지 않았다. 독에서 익어가던 시큼달달한 냄새도 사라졌다. 사람 하나 없는데 이렇게 내동댕이쳐질 수 있을까. 세상살이는 상처투성이였다. 다행히 아픈 상처를 자식들이 따뜻하게 품어주었다. 햇살은 잠시 내 상처를 안았다 지나갔을 뿐, 고스란히 받아 안은 세상의 상처는 오랜 시간이 지나서야 비로소 세월과 함께 꽃이 되었다.

장독 속 어둠 속에서 온몸을 녹여야 하는 고통도 견뎌내더니. 이렇게 살갑게도 피어서 다디단 장맛을 만들어낸 장물 위에 주름진 엄마 얼굴 환하다. 후우 분다. 살굿빛 장물 위에 마흔다섯 앳된 얼굴이 출렁거린다. 푸른 하늘이 내려앉은 장물 위에 일흔 내 얼굴이 오늘은 참 곱다. 젊었을 땐 시어머님이 시킨 대로 정성을 다해도 피어나지 않던 장꽃이 아니던가.

설움의 세월이 지나고 자식들 장성하여 떠난 지금, 메주에 핀 곰팡이처럼, 내 손등과 얼굴에 저승꽃이 핀 늦은 봄날 첫 장꽃을 보았다. 내 인생의 부활인가. 꽃보다 멋진 내 생의 우담바라였다. 인생을 깨달은 여인의 꽃이기도 하다. 드디어 마음속 죄인의 신분에서 벗어난 기분이다. 장독대

에선 노랑 꽃창포, 봉선화가 만발하고 풀무치가 울어댄다.

간장이 썩어 집안에 변고가 일어날까 봐 멀리했던 장 담그는 일은 이제는 연중행사로 치른다. 장을 담그고, 발효시키고, 숙성시켜서 식탁에 오르기까지는 기다림과 인내의 시간이 필요하다. 느긋하게 기다릴 줄 아는 나이가 되었다. 마당엔 온갖 꽃이며 나무가 있어도 향나무는 없다.

시어머님이 담지 않으셨던 밀주도 내 손에서 새로이 익어간다. 이 술이 익으면 윗물 한잔 떠서 시어머님께 올려야겠다. 나머지는 지인들을 불러야겠다. 맛있게 익은 간장에 청양고추 총총 썰어 양념간장 만들고 손수 만든 두부 한 사발에 부추전 한 소쿠리 올려서 나눠 먹어야겠다. 어느새 나도 장 잘 담그고 탁주도 잘 빚는 할미가 되었다.

만삭의 봄

3월 초순입니다. 봄은 이미 마른 나무 밑에까지 스며들었나 봅니다. 내 작은 뜰에서도 봄을 알리는 작은 생명의 소리가 들립니다.

땅을 뚫고 솟아오르는 봄의 전령인 복수초가 소나무 밑에서 먼저 노란 얼굴을 내밉니다. 밖의 바람은 차가운데 일찍 세상 구경을 나왔습니다. 질세라 애기봄맞이꽃, 모데미풀, 노루귀, 너도바람꽃, 수선화, 물매화, 할미꽃이 다투어 피어나는 선경에 들게 됩니다. 여리디여린 너도바람꽃은 송이를 다물고 있다가 햇살이 따뜻해지는 시간이면 살며시 꽃을 피웁니다. 옮기면서 뿌리에 상처를 입힌 할미꽃이 올해는 건강한 모습으로 피었습니다. 상처 난 뿌리에 황토를 발라 정성 들여 키운 보람이 있습니다. 올봄엔 상처를 딛고 일어선 할미꽃의 삶을 들여다봅니다.

화려한 치마 걷어 올리고 뭇 나비, 벌들을 불러 모으는 참나리의 방자함에 비할까요. 할미꽃은 얌전히 고개 숙인 규수처럼 헤픈 웃음을 흘리지 않습니다. 오방색의 하나인 검붉은 색을 띠며 얌전히 때를 기다리고 있지요. 일찍 나온 벌과 나비는 부지런히 꿀을 찾아 날아다닙니다. 자세를 낮춰 낮게낮게 날아서 찾았나 봅니다. 벌은 꽃에 들어가 요동을 칩니다. 수줍은 할미꽃의 가는 떨림이 전해 옵니다. 봄날의 짧은 정사라 불릴만합니다.

황홀함을 뒤로하고 할미꽃은 씨앗 맺을 채비를 합니다. 꽃들은 제 임무를 수행하느라 쉼 없이 바쁜 나날을 보내고 있지요. 행여 다칠까 염려되어 허리 한번 펴 보지 않고 꼭 품고 있습니다. 공들여 키운 자식이 홀로서기 때가 되면 꼬부라져서 아래로 향했던 꽃대는 하늘을 향해 허리를 곧추세웁니다. 서서히 닫힌 문을 열어 세상의 빛을 보여 줍니다. 새끼 씨앗들은 명주실처럼 가늘고 털복숭이 같은 흰 얼굴을 수줍게 드러냅니다. 살색 또는 은자색 씨를 한아름 안고 당당히 세상과 마주합니다.

햇빛과 비와 바람에 맞서 씨앗은 홀로서는 법을 배웁니

다. 바람이 불어와 꼬드깁니다. 좋은 곳으로 가자고 살랑거리며 유혹합니다. 그러나 바람 뜻대로 내버려 두지 않습니다. 다 큰 자식들이지만 바람의 방향이 어미 마음에 들어야 놓아 주는 지혜로운 할미꽃입니다. 모자란 판단으로 씨앗을 놓쳐버린 이웃 할미꽃은 늘 가슴 아파합니다. 채 피지도 못하고 떨어져 나간 씨앗을 걱정하는 모습을 옆에서 보았기 때문입니다. 적당한 바람의 방향에 따라 하나씩 놓아줍니다. 홀로서기의 때가 된 것이지요.

비가 내려와 속삭입니다. 같이 가자고, 씨앗은 잠시 생각합니다. 멀리 간 형제들을 그리워합니다. 그러나 씨앗은 몸에 묻은 빗방울을 털어냅니다. 좀 더 생각해 보기로 한 것이지요. 허튼 바람이 불어와 세차게 흔들어 댑니다. 어미는 막내 씨앗의 발목을 꼭 잡고 쉽게 놓아 주지 않습니다. 바람의 방향이 마음에 들지 않아서입니다. 낯선 곳에서 뿌리내려 독립할 수 있도록 가르치고 다짐하면서 결 좋은 바람을 기다립니다. 깃털이 다 자란 새들이 둥지를 떠나듯, 막내 씨앗은 바람과 손잡고 어미 할미꽃 아래 내려앉았습니다.

할미꽃을 자세히 보면 자신을 드러내지 않는 속 깊은 조신한 꽃입니다. 수정해서 씨앗을 만들 때까지는 고개를 드는 법이 없습니다. 사람들은 허리 굽은 할미꽃이라고 숙인 목을 들어 올려서 꽃을 보는 까닭을 모르겠습니다. 잔인한 행동이지요.

씨앗이 영글어 갈 때를 같이해 허리를 꼿꼿이 세웁니다. 꽃술이 터지기 시작하면서 홍색을 띤 은자색으로 곱게 단장도 할 줄 안답니다. 이때가 할미꽃의 전성기입니다. 가느다란 은사실 같은 씨들이 바람에 나부낄 때는 황홀합니다. 좋은 물감으로 그린다 해도 잘 익은 씨앗의 모습을 그려내기란 어려울 것입니다. 할미꽃의 매력이 여기에 있습니다. 나 열심히 이렇게 키웠노라고 세상을 향해 자랑하는 어미 모습입니다.

할미꽃 같은 우리 할머니 생각이 납니다. 대지주의 딸이었던 할머니는 박박 곰보였습니다. 어떻게 할아버지와 혼인을 하셨을까. 호롱불 속에서도 몰랐던 할머니 얼굴, 마마 자국만큼 복이 들어온다는 말과 얼굴에 몇 개 있다는 말만 들은 증조할머니, 아침상을 들고 온 며느리를 보고 놀란 증조할머니는 옆에 계신 증조할아버지를 쳐다봅니다. 정갈하게 차려진 음식을 보며 조용히 가슴을 누르며 겸상을 받았다지요. 대범하신 증조할머니셨다. 곰보할머니를 대하는 할아버지의 냉대가 심해지자 '양반집 뼈대 있는 조씨 가문이다. 딴생각 말거라.'라고 아들에게 일침을 놓았답니다.

그 후 고명딸과 아들 둘을 낳으셨죠. 비록 얼굴은 곰보였지만 인동장씨의 후손답게 행동과 말씨 하나도 흐트러짐이 없는 반듯한 며느리로서 세 아이의 엄마로서 훌륭히 가정을 이끌어 나가셨던 곰보 할머니. 둘째아들인 우리 아버지는 지금의 진주사대를 나와 부산시청에 근무하셨고, 큰아버지는 면장과 수리조합장을 지내셨다고 합니다.

할머니는 그 고을에서 최초로 자식을 유학 보낸 분이셨죠. 맹모삼천지교를 실천하신 겁니다. 그 덕에 나는 온천장에서 태어날 수가 있었지요. 조신하고 얌전한 할미꽃처럼 우리 할머니도 허리 곧게 세우고 자식 자랑을 하셨겠죠.

밤새 봄비가 몰래 들어와 소리도 없이 작은 뜰을 촉촉이 적셔 놓았습니다. 봄은 할미꽃이 피면서 만삭이 됩니다. 나는 꽃을 사랑합니다. 꽃이 곧 사람입니다. 꽃을 키우며 새삼 살아가는 이치를 배웁니다.

디딤돌

마루에 앉아 앞마당을 쳐다본다. 발 지압도 할 겸 깔아놓은 일광해석들이 나름의 문양을 안고 떠나온 일광 바다를 그리워하고 있다. 마당 옆에 놓인 옹기 뒤에서 파리한 얼굴로 고개를 내민 해국도 고향 바다를 잊지 못한다. 서로의 사연을 주고받으라고 일광해석과 해국을 가까이 둔 것도 배려에서다. 요즘처럼 가뭄이 이어질 땐 물뿌리개로 돌에 물을 뿌린다. 구름 모양, 점박이 모양, 빗금 모양, 산 모양 등등, 반짝반짝 빛을 내며 잠시나마 즐거워한다. 살아 움직이는 돌의 모습이다.

햇수로 십사 년 전, 시골집을 구입하고 마당부터 꾸미기로 했다. 옛날 살던 남천동 아파트에서 열매가 떨어져 냄새도 나고 잎이 떨어져 바람에 굴러다니니 지저분하다며 베어낸 은행나무 둥치를 구했다. 관리실에 문의하니 얼마든지 가지고 가라고 한다. 인부를 구해서 일을 시키려면 돈이 만만치가 않다. 할 수 있는 데까지는 내 손으로 하기로 했다.

신나게 톱질을 했다. 60센티미터씩 세 개만 잘라도 하루가 갔다. 잘린 나무도 살아 있다. 나의 톱질이 마음에 들지 않는지 꽉 물고 놓지 않는다. 달래도 보고 얼래도 보지만 꼼짝 안 한다. 나무둥치에 비해 톱이 약한가 싶어 하룻밤 그대로 두고 집으로 왔다. 다음날 가서 톱을 빼려고 흔들다가 뚝 두 동강이 났다. 수위 아저씨가 거든다. “아지매, 생나무는 그라믄 안돼요. 마르면 하소.” 한다. 마를 때를 기다리지 못한다. 마음이 바쁘다.

톱날이 큰 걸 구해서 잘랐지만 마음먹은 대로 되지 않는다. 비스듬하게 놓고 발로 받치고 자르는데도 나무는 비뚤비뚤 멋대로 움직인다. 톱질하는 부분을 높게 나무를 대면 중심이 안 잡혀 달아나고 한쪽 면이 기울면 톱이 잘 움직이지 않는다. 마당에 깔 디딤목인데 삐뚤면 운치도 있을 거라 위로하면서 시나브로 은행나무 둥치 20개를 잘랐다. 40일이 걸렸다. 그렇게 대동 집에서 부산 남천동 아파트까지 다녀도 피로한 줄 몰랐다.

잘린 나무 다섯 개만 실어도 소형차에 한 짐 가득이다. 남천동에서 황령터널을 넘어 구포다리 건너서 우회전하면 대동면에 들어선다. 대동면은 낙동강을 낀 풍요로운 반촌이다. 한껏 부풀어 오른 전원 속의 내 집에 대한 기대감을 강물도 너울너울 춤을 추며 반긴다. 급정거할 때 뒷좌석 나무둥치들이 굴러서 운전석 뒤를 툭 칠 때는 놀라기도 했지만, 디딤목을 만들 욕심에 참고 견딘다. 발길로 차듯 툭툭 치며 운전 잘하라고, 도시에서 시골로 가며 투덜거리는 소리로 들린다. '조금만 참아, 10분 안에 도착해.'라고 나무둥치와 대화하며 시골집 마당 안으로 들어선다. 대낮인데도 동네는 조용하다. 밭으로 하우스로 일하러 가고 낮에는 사람 구경을 할 수 없다.

나무둥치보다 10센티 더 깊게 널찍하게 땅을 팠다. 삽으로 파고 호미로 세세하게 길이를 맞춰가며 발길에 채지 않게 높낮이를 조절해 가며 오직 내 힘으로만 세 개를 깔았다. 한 달을 걸려 20개의 디딤목을 대문에서 현관까지 일직선으로 깔았다. 인부도 구하지 않고 내 손으로 마무리까지 했다. 뿌듯했다. 몇 번이나 디딤목을 밟으며 걸어 보기도 하며 만족함에 웃음이 절로 나왔다.

이런 기쁨도 잠시다. 풍수지리설에 따르면 대문에서 현관까지 일직선 디딤돌은 좋지 않다고 한다. 한 달 만에 다시 재작업에 들어가 길을 에스자로 만들었다. 좁은 마당에 놓인 굽은 길이 어색했지만 나름 운치라며 넘어갔다. 에스자로 돌린 곳에 키 작은 등심붓꽃을 심어 아기자기하게 만들었다.

어느 날 이웃 남자 두 사람이 찾아왔다. 전문가라고 자처하는 이가 한마디 한다. 나무는 썩고 벌레가 생겨서 안 좋다고. "언젠가는 들어내야 할 것이요." 한다. 돌로 놓으라고 거든다. 애써 만들어 놓은 은행나무 디딤돌이다. 주관도 없고 팔랑개비인 내 귀마저도 그 말도 일리가 있다 싶다. 한 달 걸려 만든 은행나무 디딤목을 다 들어냈다. 들어낸 은행나무 둥치는 세워서 화분 받침용으로 사용하니 그 또한 한 인물 했다.

황토방을 만들면서 남은 구들장으로 바꿨다. 이게 마지막이라 생각하고 쉬지 않고 일했다. 기진맥진 하늘이 노랗게 보인다. 3개월 만에 네 번의 변신 끝에 디딤돌이 완성됐다. 현관 입구는 일광해석으로 깔았다. 중간쯤에서 대문까지는 구들장 돌로 깔았다. 사전지식도 없이 잘 꾸며진 외갓집 정원을 상상하며 해본 것이 엉뚱하게도 이렇게 된 것이다. 지금 바라보고 있는 앞마당 모습이다.

많은 시행착오를 겪고 이룬 어프로치가 이렇게 좋을 수가 없다. 옹기 뒤에 심은 해국이 삐죽이 고개를 내밀며 잘했다고 미소 짓는다. 사람들이 들어올 때 자갈밭 소리에 인기척을 느끼고 비가 오면 색채가 살아나는 일광해석에 매료되어 맨발로 거닐며 오늘도 꿈을 꾼다.

바가지 만들기

밀림이고 정글이다. 한때는 무릉도원이었지만 지금은 야생 쑥대밭이다. 앞마당 닭장 위로 올린 박을 지난해부터 뒤뜰로 옮긴 후의 변화다.

뒤뜰 주인은 박덩굴이다. 허리가 잘록한 조롱박과 둥근박이 담장으로 기어 올라가 소나무와 매실나무에 진을 치고 예쁜 몸매를 자랑한다. 노랑 무늬 사철나무는 나팔꽃과 더덕 덩굴에 싸여 보이지도 않는다. 해가 지면 잎을 포개는, 금슬 좋은 부부를 상징하는 자귀나무도 박덩굴에 몸을 내주어 꼼짝 못 하고 있다. 그 그늘에서 어린 박태기나무는 울상이다. 어디서 들어왔는지 조릿대가 뒷마당을 턱 하니 차지하고 있다. 취나물 밭인지 풀밭인지 구별이 안 된다. 그야말로 야생정글이 따로 없다.

우리 집 뒤뜰로는 부족한가 보다. 박덩굴이 담을 넘었다. 뒷집 수수꽃다리를 점령해도 그 집 안주인은 불평 한마디 없다. 뒷집 호박 덩굴이 우리 집 뽕나무에 걸터앉아 둥근 몸을 가지에 올려놓고 있다. 나도 그냥 둔다. 박과 호박 덩굴이 서로의 영역을 넓혀간다. 때때로 밥상에 호박잎 쌈이 오른다. 뒷집 덕이다. 한 담장 사이로 오가는 정이다. 우리네 인심이다.

박도 그 나라 땅과 사람을 닮았던가. 가장 한국적이면서도 고향 냄새를 풍기는 게 박이라 생각한다. 해마다 조롱박과 박으로 바가지 만드는 일은 일 년 일거리 중의 하나다. 시골 생활을 시작하면서 바가지를 만들기 시작했다. 처음에는 서툰 솜씨여서 실패했다. 지금은 박의 모양대로 잘 자르고 만들어 글자도 적어 넣는 수준이다. 목공이 먹줄을 팽팽히 당겨 한 치의 오차도 허용하지 않듯 박을 자를 때는 온 신경을 박에 두고 줄을 그어 자른다. 박을 자르기 위한 도구도 몇 개 샀다. 줄자, 먹줄 등 톱 종류도 세 가지나 된다.

고향 냄새 나는 바가지 만드는 날이다. 평소 봉사해 온 어린이집 원생들과 선생님, 아이들 부모까지 모였다. 체험

학습 시간이다. 바늘을 쥐어 준다. 생박을 바늘로 찔러 박 속으로 바늘이 들어가면 덜 익은 것이다. 바늘이 박속으로 안 들어가면 잘 익은 거다. 어린 원생들은 부모와 함께 바늘을 쥐고 꼭꼭 눌러 본다. 신기한지 자꾸만 바늘로 박을 찌른다. 익은 박을 따서 꼭지와 밑 부분을 일자로 정확히 그어 놓고 톱으로 반듯하게 반으로 자른다. 옆으로 비스듬히 잘리거나 선 따라 잘리지 않기도 한다. 최대한 선에 맞춰 자르려고 노력한다. 쪼갠 박 속에서 씨와 속살을 걷어낸다. 뒤뜰에 준비한 큰 가마솥에 넣어 박이 잠길 만큼 물을 붓고 아궁이에 불을 지핀다.

원생들과 부모들은 더워도 아랑곳하지 않고 아궁이 앞에 앉아 마른 가지로 불을 붙여 장작을 올리며 좋아들 한다. 옆 작은 솥엔 옥수수를 넣었다. 이곳까지 찾아온 이들을 위한 나의 작은 선물이다. 먹을 것이 있으니 서로 불 앞에 모여든다. 장난치듯 잔가지를 불 속으로 던지며 넘어지고 야단법석이 따로 없다.

푹 삶아지면 건져서 식힌다. 숟가락으로 나머지 속살을 박의 모양대로 긁어낸다. 박의 겉면도 숟가락으로 살살 긁는다.

말리는 과정이다. 햇빛과 바람이 골고루 잘 들게, 만들어 놓은 바가지를 돌려가며 뒤집어 준다. 햇빛 아래 바가지의 안쪽이 하얗게 변해가는 모습도 관찰한다. 햇빛과 바람이 부족하면 바가지에 곰팡이가 생긴다. 그러면 애써 만들어 놓은 박은 제 기능을 못 한다. 쓸모가 없다. 곰팡이가 생긴 박은 우묵우묵 얽어 물을 떠먹을 수도 없다. 예쁜 글자도 적을 수 없다. 끝마무리가 정말 중요하다.

원생과 부모가 참여한 전 과정이 끝나면 하나씩 기념품으로 들려준다. 그릇으로 활용하는지 어떻게 알았을까. 예민한 아이는 바가지에 삶은 옥수수를 넣어본다. 가르쳐 주지 않아도 무의식중에 나오는 행동이다. 그 옛날 할머니의 방식이 아닌가. 자르기를 잘 못해 못난 바가지를 가지고 가는 아이 표정이 시무룩하며 생떼를 부리기도 한다. 나는 미리 만들어 놓은 예쁜 박을 덤으로 준다. 아이는 언제 그랬냐는 듯 좋아서 펄쩍 뛴다. 덩달아 나도 마냥 좋다. 집에 있는 것을 다 주고 싶은 마음이지만 다음에 올 원생들을 위해 아껴둔다.

옛날 초가집이나 돌담을 타고 자라면서 열리던 호리병박, 일명 표주박과 조롱박의 정취를 요즘 세대는 알 리가 없다. 잊힌 생활 속 작은 일이지만 고향스러움을 박 만드는 일로 이어가고 싶은 마음이다. 해마다 바뀌는 아이들과 학부모들의 모양만큼 바가지의 얼굴도 다르다.

바가지 만드는 체험이 끝났다. 떠들썩거리던 마당이 조용해졌다. 박과 호박덩굴, 나팔꽃 줄기, 닭의장풀, 우슬, 잡풀을 다 걷어냈다. 조릿대는 뿌리째 뽑았다. 정글 같던 뒤뜰이 훤해졌다. 내 마음도 푸른 하늘만큼 넓어진다. 등줄기를 타고 흘러내린 땀을 식힌다.

즐겨 쓰던 박을 꺼낸다. 항아리 속 물을 박 바가지로 떠 먹는다. 단 샘이 우러난다. 감로수 같은 맛이다. 이 맛을 잊지 못한다. 맛은 정서에 사무친다고 했던가. 일상에서 소소한 것으로 소박한 멋과 여유로움을 느끼며 산다. 시골의 맛이다.

꽃 누비

집으로 돌아왔다. 두 계절을 밖에서 보내고 마침내 돌아왔다. 계절마다 변하는 앞마당 풍경이 한 폭 수채화를 이룬 누옥에 다시 발을 들여놓는다. 마당에 들어선 순간 고요함 속 낯선 바람이 스친다.

앞마당을 살핀다. 수피의 굴곡이 세월의 흔적처럼 보이는 허리 굽은 소나무가 변함없이 푸르다. 주인 없는 빈집을 지키느라 애썼다고 쓰다듬어 준다. 나무는 잠시 희열에 떨며 그간의 짧은 이야기를 들려준다. 꽃과 나무들도 드디어 내 품으로 들어왔다. 푸른 새순과 함께 붉은 꽃송이를 머금고 있는 꽃에 '앵초야' 하고 불러 본다. 유달리 길고 혹독한 겨울을 이겨낸 잎들이 쏘옥 새 얼굴을 내밀고 있다.

"수고했어, 고생 많았지. 나도 해냈어." 말을 건네며 감회에 젖는다.

앞마당의 야생화가 지고 감나무 대봉이 익기도 전에 집을 떠났다. 두 계절을 보내고 이듬해 새봄이 와서야 대동면 평촌리 집으로 돌아왔다. 빈집에 홀로 앉으니 예전과 달리 허전함과 나약함이 몸과 마음을 더 움츠리게 한다. 집 떠나기 전만 해도 집과 마당이 비좁은 듯 활개치며 혼자 일을 거뜬히 다 해냈다. 예전 같지 않은 기력에 눈 흐림까지 겹쳤다. 눈을 감는다.

내 몸속에 쓸데없이 자란 순을 사십오 센티미터 잘라내는 수술을 했다. 의사는 바느질로 곱게 마무리해 주었다. 아픔과 통증이 사라질 때쯤 회진 온 선생님이 배를 자세히도 살펴볼 때 나도 모르게 "선생님 바느질 솜씨는 일품입니다." 하고 말했다. 내 말에 흠칫 의아해하던 의사 선생님은 현명했다. "내 솜씨는 소문났습니다." 하고 받아넘긴다. 의사의 봉합 솜씨는 정말 대단했다. 한 땀 한 땀 이어진 누비처럼 내 배에 고운 꽃 누비가 생겼다. 나이 들어 쭈그러들어야 할 배가 팽팽해졌다.

집으로 돌아온 후 삼 일 동안 편안하고 달콤한 휴식 같은 잠에 빠졌다. 단잠을 자고 난 늦은 아침이다. 햇살이 유리창을 뚫고 소파에 앉은 나를 포근히 감싼다. 텅 빈 마음을 보듬어줄 만큼 따뜻한 햇볕이다. 일상으로 돌아온 나는 펜을 잡아야겠다는 마음을 접고 바늘을 잡았다.

장롱 깊숙한 곳에 넣어둔 채 수년간 한 번도 꺼내지 않았던 조각난 천을 모았다. 그 옛날 엄마는 내게 바늘을 잡지 못하게 했다. 여자가 바느질을 잘하면 애가 많다고 손대지 말라고 할 때, 조용히 다가가 바늘에 실을 꿰어주고 실밥도 떼어 주면서 말을 건넸다. “엄마, 바느질 하면서 무슨 생각해?” 하고 물으면 “그동안 서운했던 사이도 이해하게 되고, 내 어릴 때 돌아가신 너희 외할머니도 생각나고, 너희 아버지 늦게 들어오실 때 기다림의 시간도 당겨준다.”라고 하시던 엄마가 생각난다.

바늘을 살핀다. 은빛 반짝이는 금속에 날카롭고 가는 몸매를 가졌다. 실이 들어올 수 있게 틈도 마련하고 있다. 터진 옷을 꿰매어 감쪽같이 새 옷으로 만드는 재주도 있다. 급체했을 때 바늘로 손끝을 따면 검붉은 피 한 방울에 더부룩한 속도 편해진다. 가늘고 뾰족한 바늘이 여자에겐 인고의 세월을 견디게 해 준 버팀목이다. 엄마처럼 바늘을 잡으면 실타래 풀어지듯 복잡한 관계도 이해하게 되고 마음이 정리된다. 요동치던 속마음도 고요해진다. 바늘을 잡을 수 있는 한 행복하다.

내가 만든 작품 속에는 흔들리며, 다잡으며, 다독이며 보낸 흔적들이 곳곳에 깃들어 있다. 조각난 모시 천을 일렬로 뉘어 놓고 퍼즐 맞추듯 이어 놓으면 훌륭한 모시가리개가 탄생한다. 크기에 따라 어울리는 색깔끼리 서로를 만나게 해주면 예쁜 바늘꽂이도 되고 베갯잇으로도 변신한다. 원앙금침을 만들어 놓으면 무엇하리. 이제는 쓸데도 없고 나눠줄 데도 없지만 나도 모르게 손이 바늘을 잡는다.

앞마당도 계절마다 각양각색의 수를 놓는다. 섬백리향의 분홍천이 길게 드리워져 있다. 여름엔 흰색 붉은색 천을 깔고 가을엔 남색 보라색 천을 펼쳐 오묘한 사색의 세계로 펼쳐 낸다. 내 작은 뜰은 꽃으로 누비를 놓아, 주인님 오셨어요, 주인님 괜찮으세요 물으며 반긴다. 두 계절을 밖에서 보내면서 정원 관리도 못했는데 꽃들은 이곳에 남아서 책임을 다하고 있었다. 굴곡진 삶에도 그리움과 추억이 있다.

추운 계절엔 구들장이 데워진 황토방에 앉아 내 인생의 수를 놓는다. 올겨울을 위해 명주에 솜을 넣어 머플러를 누비고 있다. 해마다 목화씨(면화자)를 심어 약간의 솜을 준비해 놓는다.

풍진 세상을 살아오면서 크고 작은 아픔의 상처를 입고 또 아물어 갔다. 가슴속 깊이 옹이처럼 박힌 상처에도 꽃수를 놓는다. 늙어가는 인생의 깊이를 꽃으로 생각한다. 사철 변하는 앞마당의 꽃 천처럼 천에 시침을 해 놓고 누비를 한다. 몸은 비록 작고 여리지만 정신 줄 놓지 않으려고 바늘 끝에 힘을 준다. 젊은 날의 추억도 한 줄 놓고 세월의 주름은 건너뛰어도 본다. 아픈 지난날들은 오색실로 아름답게 매듭짓는다.

오늘 하루가 지나가면 내일이 또 꿰매어질 것이다. 생이 깊어지고 점점 단단해진다.

보물찾기

조용한 시골 온천이라 허락했다. 두 번째 여행이다. 엄마와의 추억 쌓기란다. 아프기 전에는 즐겁게 했는데 몸에 고장이 나고서는 이별 연습이 될까 꺼리게 되었다. 공항에서 비행기가 날아오른 지 채 십 분도 안 되어 대마도가 보인다는 안내 방송이 나온다. 앉은자리가 비행기 날개가 있어 보지는 못했지만 정말 지척이구나 싶다. 사가공항에 내린 것도 눈 깜짝할 시간이다.

공항에서 대여한 차를 몰고 오오무라야료칸으로 향하는 길은 조용한 시골 풍경이다. 막내딸에게 천천히 운전하라고 하고, 밖을 살핀다. 끝없이 넓은 밭에 푸른 새싹이 돋은 풍경은 우리네와 다를 바 없다. 벌판에 소 한 마리가 눈에 띈 것 말고는 사람이 안 보인다. 조그만 동네가 중간중간 보이고 그 길로 들어가는 좁은 길도 오래된 느낌의 포장도로다.

오오무라야료칸을 택한 이유 중 하나가 가이세키 조식과 석식을 엄마한테 맛보여 주기 위함이라니 기대가 컸다. 료칸은 우레시노 동네만큼이나 조용하고 사람이 없이 한적하다. 온천의 역사가 천삼백 년이라 한다. 큰딸과 막내딸이 체크인할 동안 안쪽에서 손녀와 같이 기다렸다. 나이가 많이 든 할머니가 기모노를 입고 양손을 앞으로 모으고 조용히 서 있다. 우리를 방으로 안내할 분이구나 하고 느꼈다. 할머니 안내로 우리 일행은 차분한 느낌의 다다미가 깔린 방으로 안내받았다. 한쪽 벽에는 이불장이 있고 한쪽은 액자 하나에 꽃병이 전부인 깔끔한 공간이다.

짐을 풀고 우레시노 이마리도자기촌으로 향했다. 차를 세우고 골목길을 걸어갔다. 입간판이 하나씩 화살표로 표시된 것이 따라 들어오라는 신호 같다. 우레시노 도자기촌은 가게 안에 들어가야 사람을 만날 수 있지, 거리에서는 사람 하나 볼 수 없다. 깨끗하고 정돈된 긴 골목길을 따라 걸었다. 조용한 시골이다. 이마리도자기마을은 지난 시간의 흔적을 발견하는 여행지였다. 오래된 내 기억에서 이미 사라진 동네가 버티고 있는 느낌이랄까. 낡은 나무판자 벽과 녹슨 함석 벽도 떨어져 나갔거나 바닥에 흩어져 있지 않고 잘 간수한 흔적이 있는 정리된 골목이고 집이다.

이런 집이 낯설지 않다. 이곳에 아직 남아 있다는 게 신기할 따름이다. 수십 년 전에 사라진 이모할머니의 집이 상상 속에서 현실로 다가왔다. 함석 벽 집으로 들어가는 어린아이가 일흔의 할미가 되어 사라진 시간을 추억한다. 팔십 세가 넘은 요시다 사라야 주인 할머니는 조용하면서도 친절하다. 전형적인 왜소한 일본 사람이 아니다. 후덕스럽고 체격이 좋다. 이모할머니 같다. 그 옛날 우리 도공의 후손이 아닐까 생각하며 살피게 된다. 내가 이 나라말을 못하고 할머니 역시 우리말을 못하니 의견 소통이 어렵다. 손짓 발짓으로 대화하기도 쑥스럽고 해서 그냥 이곳 방식대로 조그만 천 가방에다 마음에 드는 것을 골라 담는다. 그릇을 고르면서도 요시다 사라야 할머니와 눈웃음을 주고받는다. 자세나 행동이 굼뜨지 않고 바르고 건강한 모습에 절로 감탄이 나온다.

가게 안은 엄청난 그릇들로 꽉 차 있다. 층층으로 쌓여 있는 플라스틱 상자가 입구에서부터 가게 안까지 좀 지저분하게 먼지가 앉아 있다. 쌓아 놓은 상자 안에는 좋은 그릇이 있겠지만 눈에 보이고 손닿는 부분만 고를 수 있다. 가게 안쪽으로 보물찾기에 나섰다. 찻잔 위에 흙이 내려와 있다. 여기는 아무도 들어오지 않았나, 낡고 허물어져 내린 천장 위로 하늘이 보인다. 사라야 할머니보다 더 나이 든 집은 그 이상 허물어지지 않고 버티고 있다. 집이 무너지지 않은 게 할머니의 정신과 온기로 느껴진다.

예전 버블시대 때 료칸들이 대량 주문한 그릇들이 버블이 꺼지면서 찾아가지 않아 쌓인 재고를 공개한 것이 우레시노 아리타 도자기 헌팅의 시조라고 한다. 그 옛날 어머니가 쓰시던 예쁜 종지가 눈에 띈다. 미니꽃병과 정종병도 낯익다.

팔십 세가 넘어서도 일할 수 있는 이 나라의 풍토가 보기 좋다. 료칸에서 안내하는 할머니와 조식과 석식 때 밥그릇 놓아주는 이도 전부 팔십 세가 넘었다 한다. 약간의 손 떨림은 있지만 단정하고 차분한 몸짓에 연륜이 묻어나 믿음이 간다. 료칸 뒤 건물에서 녹차를 파는 가게주인도 상당한 노인이었다. 가게 안은 작고 아담한 공간에 일본답게 오밀조밀 공간 활용에 힘쓴 걸 느끼게 한다.

이곳에서 만난 세 할머니가 내내 머릿속에서 떠나지 않는다. 나도 일할 수 있을 때까지 몸을 움직일 수 있다는 게 행복으로 느껴지는 나이가 되었다. 벌써 내일이면 집으로 간다. 자식들은 이제 꽃도 키우지 말고 건강 살피면서 가끔 여행이나 다니면서 지내기를 바란다. 그러나 나는 이미 내 속에 숨은 보물을 찾아낸 기분이다. 할 수 있다는 자신감이 생긴다.

다시 시작이다.

하찮은 이끼라도

아래채에 묶어 두었던 꾸러미를 풀었다. 세상에, 삼십 년이 지난 사진들이 그 속에서 나온다. 시민회관에서 한 들꽃 전시회 사진이다. 정성껏 키워서 분에 올려 전시징으로 갔지만 들꽃이 아니라는 이유만으로 진열대에 올려 보지도 못한 것들이다. 포자를 단 아름다운 이끼 사진, 전시는 못 할지언정 사진으로만 남기겠다고 세 컷을 찍어서 넣어눈, 까맣게 잊고 있던 보물 같은 기록 사진들이다.

어쩜 이리도 예쁘게 키웠을까. 그 옛날 젊은 감각과 패기가 돋보이는 작품이다. 그 당시엔 잊힌 우리의 들꽃만을 전시해도 부족한 공간이었다. 들꽃만이 진정한 야생화라며 자생지부터 따지면서 키우고 보급하자는 취지로 단체를 만들어 전시할 때였다.

나는 당시에 제일 젊은 나이였다. 뭔가 좀 색다른 것을 알리고 싶었다. 그때는 이끼가 하등식물이라 하여 거들떠보지도 않았다. 하찮게 보이는 이끼도 이 땅의 생명이라고 알리고 싶었는데 인식 부족으로 전시회에서 밀려났다. 지금도 이끼라면 꽃도 아닌 것이 지저분하다며 밟아 뭉개 버리는데 그때는 오죽했을까.

고사리와 이끼, 이 두 가지야말로 자연의 신비와 경이로움을 대표하는 식물이 아닐 수 없다. 이끼의 종류도 다양하다. 산림물이끼, 아가물가이끼, 금실이끼, 솔이끼, 우산이끼 등과 이름 모를 이끼도 많다. 수많은 세월을 지루하게 살아오면서 매년 아무런 변화가 없는 듯 묵묵히 살아온 이끼, 그렇지만 변화가 없었던 건 아니다. 그들은 바위나 고목들을 아주 천천히 부드러운 흙으로 만들어 왔다. 그렇게 이끼는 가장 낮은 곳에서 가장 낮은 모습으로 살아오는 이 땅의 첫 초록 생명이다.

체제가 간단하고 진화의 정도가 낮은 식물들을 사람들은 하등식물이라 한다. 하지만 이들이 펼치는 세계는 고등식물이 갖지 못하는 신비로움과 아름다움을 지니고 있다. 긴긴 겨울의 침묵을 깨뜨리고 부드러운 삭을 밀어 올리는 모습은 경이롭기까지 하다. 가는 실이 중력을 거슬러 하늘로 솟아오르는 생명력의 비약, 포자를 닮은 주머니를 삭이라 한다. 열매 같은 삭을 올려 새봄을 경배하는 아가물가 이끼는 단순함 속에 펼쳐지는 찬란함을 넘어 숨조차 멈추게 하는 절대 미감의 표본이 아닐 수 없다. 세상은 아는 만큼 보인다고 하는데 풀도 알면 알수록 새롭게 보인다.

요즘은 옛날처럼 아름다운 이끼가 보기 힘들어졌다. 넉줄고사리만 키운다. 가을이 되면 황갈색의 단풍을 보는 듯하다. 생김새와 색감이 눈을 사로잡기에 손색이 없다. 화려한 자태 양치식물 넉줄고사리를 보라. 하록성 여러해살이풀로 바위 또는 나무에 붙어 착생한다. 잎자루와 관절로 연결된다. 비늘조각은 갈색으로 광택이 있고 선상 피침형으로 방패 모양이다. 관상용으로 그만인 매혹적인 고사리다. 이 식물이 어느 날 자취도 없이 사라졌다.

넉줄고사리는, 몸을 내어준 나무를 옥죄게 해서 말려 죽이는 등나무처럼 배은망덕한 짓은 하지 않는다. 스스로 아름다움을 만들어 가면서 몸을 내어준 고목과 바위에 멋진 풍경도 만들 줄 안다. 공생의 참뜻을 새길 줄 아는 식물이니 아끼고 사랑하는 마음이 깊어진다. 모처럼 시간을 내어 자생지를 찾았다. 세월이 흘러 길도 산도 희미하다. 아무리 눈을 크게 떠보아도 보이지 않는다. 멀리서 쳐다보면 바람에 구름 흘러가듯 유연한 움직임의 넉줄고사리는 없다. 돌아 나오면서 아쉬움에 장소를 옮겼다. 비탈길을 내려오는데 바위틈 사이에 있는 넉줄고사리와 재회했다. 옛날 그 장소가 아니라 좀 떨어진 장소에서 만나긴 했다. 듬성듬성 있는 것이 나쁜 이의 손을 탄 것 같아 씁쓸한 마음 지울 수 없다. 강산이 세 번이나 지난 현실을 생각하니 그나마 고맙다. 포자가 떨어져 생명을 유지하고 있는 자연이 고마울 뿐이다.

주물럭 분에 올린 솔이끼 사진에는 가을이 내려와 있다. 꽃망울 같은 작은 삭을 올린 모습은 꽃들의 군무를 보는 듯 황홀하다. 또 다른 사진은 돌 위에 이끼를 올려 작은 동산을 만든 작품이다. 포자의 꽃대를 높여 씨앗을 맺는 자연의 원리에 새삼 감동한다. 석양에 비치는 붉은 들녘을 연상하게 하는 사진을 보니 하찮은 이끼라도 키우는 사람의 정성에 따라 작품이 되고 귀하게 보인다는 걸 알게 된다.

이끼에도 자연의 오묘한 세계가 있다. 남들이 보지 못하는 작은 데에 애정이 간다.

3부

묻힌 소리

동강할미꽃

서초당 일기 · 엄마 어디고 · 묻힌 소리 · 벚꽃 지고 · 엄마의 나물

꽃이 먹을 것 줘요? · 골담초꽃 · 이 돈, 받지 마소 · 들꽃 나들이

서초당 일기

봄바람은 어디서든 분다. 그 바람은 방향과 풍속과 체감이 다르다. 이곳 봄바람은 무척 부지런하다. 남쪽 공기를 몰고 와 언 땅을 서둘러 녹이고 잠든 나무를 깨우고 꽃을 피운다. 가지 사이로 지나가는 바람으로 어린나무는 키를 키운다. 보푸라기 같은 민들레 씨앗과 할미꽃의 가느다란 긴 씨앗도 바람에 날려 보낸다. 봄바람은 새로운 생명의 기운이다.

우리의 삶에도 이런 바람이 불어온다. 예상치 못한 계획을 세워 숨었던 꿈을 돋게 하고 잃은 희망을 싹틔운다. 내게도 그런 기회가 있었다. 장성한 아들딸들이 가정을 이루어 서울과 대전으로 떠나면서 아파트는 텅 비어 버렸다.

관리비 내는 돈만으로도 시골 생활을 하겠다 싶어 부산과 가까우면서도 시골스러움이 남아 있는 곳을 찾아다니며 발품을 팔았다. 마침내 안성맞춤인 집을 찾아냈다.

오래 비워 둔 집이어도 위채와 아래채가 있고 작은 돼지 막사가 있는 것이 마음에 들었다. 필요한 곳만 수리하기로 했다. 비가 새지 않도록 지붕을 강철 패널 기와로 바꿨다. 빈터에 매실나무 대봉감나무 앵두나무 구지뽕나무 수수꽃다리를 한 그루씩 군데군데 심었다. 먹거리와 볼거리를 위함이다. 담장 따라 찔레와 참다래도 심었다. 마당 한 편에는 작은 하우스도 한 동 지어 야생화와 식물의 배양 장소로 쓰기로 했다. 아래채에는 황토방도 만들었다. 돼지 막사는 닭장으로 새롭게 리모델링 했다. 대문은 달지 않았다. 그동안 키워왔던 크고 작은 야생화꽃 화분을 옹기 위에 올려놓으니 마당 분위기가 고졸하다. 옹기는 조상들이 썼던 것이므로 편안하고 듬직해서 좋다. 꽃들이 제자리를 찾은 듯하다.

뒤뜰에는 유독 관심을 기울였다. 불을 지필 아궁이를 만들어 솥 두 개를 걸었다. 공작부인 깃털 같은 자귀나무, 약이 되는 엉개나무와 오가피나무, 잼을 만들기 위해 무화과를 심고, 제수 상에 올리려고 대추나무도 심었다. 이 집에 남아 있던 오랜 세월이 묻은 골담초나무 아래 꽃창포를 심었다. 뒤 창문을 열면 달빛에 노랑 골담초와 꽃창포가 환상적으로 빛났다. 연고도 없는 낯선 곳이지만 여생을 산다는 마음으로 모퉁이 구석까지 정성들여 가꾸었다.

기장에 거주하는 서예가 김 선생이 들르더니 상서로운 풀을 키우는 집이라 하여 瑞草堂서초당이라 당호를 지어 준다. 팔순이 넘은 윤 회장님은 손수 서각 현판을 만들어 황토방 입구에 걸어 준다. 서초당으로 온 지 십수 년이 흘러 어린 묘목이 준목이 되고 철 따라 꽃이 피고 열매 맺는 작은 농원이 되었다.

처음엔 이웃도 텃밭이나 만들지 꽃이 먹을 것 주나 하고 수군댔다. 봄바람이 두세 번 지난 후부터는 눈이 호강한다고, 구경 와서 하나씩 얻어 가곤 했다. 이웃 사람들의 조언대로 양봉 한 통도 갖다 놓았다.

이후 서초당 앞뒤 뜰에는 꽃향기뿐만 아니라 갖가지 소리가 어울렸다. 나비는 폴폴 날고 벌은 잉잉거렸다. 참새 까치 동박새 휘바람새까지 빨랫줄과 전깃줄을 오선지 삼아 음표를 찍어댔다. 처마 밑에 둥지를 튼 제비는 조잘대는 새끼를 늘여갔다. 여름철 매미들도 한껏 울어대고 가을 고추잠자리도 윙윙 소리 내며 하늘에 빗금을 재빨리 그어댔다. 눈도 귀도 입도 호강하는 봄, 봄, 봄날이 이어졌다.

한때는 이런 시절이 있긴 있었다. 아이들이 자랄 동안 아파트에는 음식 냄새와 책 읽는 소리가 그치지 않았다. 그런 아이들이 성장하여 객지로 떠나면서 집안은 적막해져 버렸다. 반찬 냄새가, 가족들이 이야기하던 소리가 뚝 사라졌다. TV만 웅웅대는 소리가 밤늦도록 그치지 않았다. 지금 생각하면 그 시절을 어떻게 견뎠는지 알다가도 모르겠다.

집 바깥도 달라지기 시작했다. 집 옆으로 자전거 종주도로가 생기고 화명대교가 세워지면서 몇 분 만에 강을 건널 수 있게 됐다. 금정산에서 대동으로 이어지는 새로운 다리도 개통을 앞두고 있다. 바람이란, 방향을 달리하는 심술쟁이다. 봄바람과 달리 도시개발 바람은 무섭고 냉정하다. 개발에 따른 철거민이란 신세가 나에게도 닥쳐올 줄을 예견하지도 못했고 알지도 못했다. 정원을 설계하듯 조금씩 이루어 놓은 농원 같은 거처를 어쩔 수 없이 떠나게 되었다. 이곳 변두리까지 개발 바람이 불어온 탓이다.

세상에 살고 있는 한 함께할 것이라고 여긴 이곳 서초당이다. 돌이켜 보니 마당 구석구석, 나무 하나하나, 꽃 송이

송이…, 내 손자국이 묻지 않은 곳이 없다. 돌에 찧여 손톱이 멍들기도 하고 톱질에 살이 터진 날도 하루이틀이 아니다. 박을 함께 만들던 아이들 웃음소리도 어디에서 들을 것인가. 낙숫물 소리며 첫새벽을 알리는 수탉의 우렁찬 계명도 들을 수 없다.

개발의 바람은 무섭다. 그것은 흙뿐만 아니라 꽃향기를 죽이고 새들 소리를 사라지게 한다. 무엇보다 십수 년간 쏟은 땀과 노력과 내 발자취마저 지워 버린다. 어디로 가야 한단 말인가. 낯선 다른 곳에서 새롭게 시작하기에는 너무 늦은 나이가 되어버렸다.

이제 중학생인 외손자와 초등학생인 외손녀, 임신 5개월인 며느리에게서 태어날 손주를 생각해 본다. 그 녀석들이 훌쩍 커서 시골 할머니를 보러올 때, 꽃 이름의 유래와 전설, 박과 항아리의 쓰임새를 말해 줘야지.

이 아이들은 핸드폰을 두들기면서 확인하겠지. 나무에 달린 감을 따 보고, 앙증스런 양앵두도 따서 먹어보는, 지천에 깔린 풀꽃을 밟지 않으려고 발걸음도 크게 뛰면서 놀 때를 상상해 본다.

인생이란 덧없이 변하고 흘러간다. 세상 모든 일이 그러하듯이 생자필멸이라는 단어가 이곳 누옥에서도 예외가 아니다. 개발 바람에 밀려 냉난방이 갖추어진 도시에 가서 편안하게 살아볼까 생각도 했지만, 내 몸은 이미 포근하고 다정한 시골 생활에 물들어 버렸다. 이젠 앞으로 다가올 십 년 후를 생각해야 한다. 손때 묻은 옹기와 나무와 예쁜 꽃들과 함께 새로운 곳에서 삶의 뿌리를 깊게 내리고 싶다.

봄바람이 아쉬워서 서럽다.

엄마 어디고

 띠링 띠링

"오늘은 어디 가노 엄마, 유치원 가는 날이라고? 응, 엄마 운전 조심하고 저녁에 전화할게. 집에 일찍 들어가세요."

"오늘은 뭐 할끼고 엄마, 문화원 가서 두 가지 수업 받는다고? 그래, 엄마 심심하지 않게 조금씩 배우세요."

"어디고 엄마? 옆에 사람 소리 많이 들리네, 할매들 돈 빼끼 묵는데 많타 카던데 이상한 다단계나 건강식품 파는 데 아니제? 가면 안 된다, 엄마 옛날 병 도지는가 싶어서 걱정했잖아, 엄마."

"아침에 전화 안 받던데 무슨 일 없제? 엄마 연락 안 되면 자식 수대로 온몸 떤다. 그래 엄마 휴대폰 진동 푸이소."

"엄-매, 오늘은 뭐 할끼고, 쉰다고? 그래 엄마 푹 쉬세요".

"엄마, 김해도 춥제? 따시게 해 놓고 있어라. 문단속 잘 하고, 돈 부쳤대이."

이런 아침 전화는 일상이다. 밤새 잘 잤는지, 날씨와 건강을 말하고 저녁은 누구와 만났는지, 무슨 음식을 먹었는지 매일 아침저녁으로 주고받는 아들과의 대화 내용이다. 아버지의 영정사진을 들었던 여덟 살 철부지가 마흔이 넘어서도 변치 않는 엄마에 대한 사랑은 애틋하다. 내 설움에 울 때 자식 네 명은 서로 달래가며 똘똘 뭉쳐서 열심히 공부 잘하고 착한 모범생으로 커나갔다.

잘못 판단으로 휘청거릴 때 돈 잃는 것보다 하나뿐인 엄마 어찌 될까 봐 눈치 보며 원망 한마디 없이 침묵을 지켜준 자식들이다. 자식들을 이중으로 고생시킨 셈이다. 그때를 생각하면 가끔 눈이 흐려지고 가슴이 멍하다. 깨달음의 눈물은 나 자신에게 행복을 느끼게 해주는 귀한 눈물이다. 삶의 희로애락 사이에서 서러웠던 그 시절의 아픔이 빠른 물살처럼 지나가기를 바랐다. 세월은 유수와 같다더니 지금 생각해 보니 참 빨리도 지나가 버렸다. 자식들은 장성하여 제각각 보금자리를 찾아 행복하게 살고 있다.

문단속 잘하라는 소리는 이제 안 한다. 대문도 없는 집에서 사는 엄마가 걱정되어 안으로 문고리 잘 걸고 자라고 걱정이 많았다. 문 열어놓고 자도 아무도 보쌈해가지 않는다고 하면, 꿈도 야무지다고 차라리 보쌈은 좋다고 한다. 혹 엄마 다칠까 걱정이지 무슨 보쌈이냐고. 외로우면 자기 집에 온나 하고 나는 안 간다 하고 전화가 끝날 때도 있다. 자식에게 어리광을 부린다.

풀꽃의 향기로운 잎으로 피어나는 꽃을 찾는 나비처럼, 인생 이막을 생각해서 김해 대동으로 이사 온 지도 벌써 삼 년이 지났다. 꽃을 키우며 마당을 가꾼다. 내 품을 떠난 그 빈자리에 꽃과 나무와 새들이 들어와 살고 있다. 이른 아침 아들의 전화 소리가 아침 기상나팔 소리다. 마당에 무슨 꽃이 피었나 묻고 사진 찍어 가족 카톡방에 올리라고 한다. 어떤 대학에서 무슨 공부를 하는지, 수강생들과 잘 어울려 지내는지 소소한 일상들을 아들은 다 안다. 이야기 도중에 차 온다고 퇴근하고 전화할게 하고 끊는다. 아침저녁으로 안부 묻는 아들의 목소리를 들으며 하루를 연다. 핸드폰을 들고 창문을 열면 그제야 빨랫줄 휘파람새의 청량한 투덜거림이 귀에 들어온다.

서울 살림이 어려울 텐데 매달 생활비를 보내주는 자식

들이다. 국민연금도 보험도 넣지 않았지만 자식 네 명이 매달 보내주는 돈이 내 연금이다. 생각해 보면 정말 철없는 엄마다. 자식들에게 효도를 받으면서 나를 돌아보게 된다. 나는 뭐했던가. 어머니 아버지께 용돈도 드리지 못했다. 일찍 남편을 여의어서 부모님께 걱정만 끼쳐 드렸다. 임종도 보지 못했다. 생각할수록 자신이 부끄럽고 미안해서 지금도 마음이 아프다. 자식이 부모를 깨우치게 만든다.

오늘은 고추 모종과 가지 모종을 심었다. 지난 주일에 심은 케일과 대파가 흙냄새를 맡아서 제법 푸른색을 띠며 자기들 색깔을 낸다. 일용할 내 영양식이다. 살아있는 우주 내 작은 뜰의 모습이다. 실은 아들의 아침 전화가 내 하루 영양식이다.

띠링띠링 또 핸드폰이 울린다. 명절이라 아이들을 데리고 이틀을 이곳에서 보내고 올라갔는데 전화가 왔다. "엄마, 나이 들면 심장이 지갑이란다. 새 지갑에 빳빳한 새 돈 넣어 놨다. 작은방 맨 위 서랍에 있다. 선물이다. 이제 서울 도착했다. 또 전화할게." 하고 끊는다. 그 며칠 후 장문의 문자가 왔다. 정신 줄이란 글이다.

우리 엄마 정신 줄 잘 잡고 계시나
항상 뭘 하는지 알고 있지만
또 물어 본다
엄마 오늘은 뭐하노
엄마 오늘은 뭐했노
오늘 특강 있어서 갔다 왔다
내 말 안 하드나? 말했다 아이가
우리 엄마 문제 없으시네
마음을 놓는 순간
띠링띠링 근무 중 문자 한 통
"아들, 돈 안 들어왔다."
아 정신 줄은 내가 놓고 있었네.

제 엄마가 글 쓰는 줄 알고 이렇게 써서 보낸 아들이다.

"엄마, 오늘은 어디 가지 말고 집에 있어라. 난방기술자가 갈기다. 옆에 서서 단디 설명해라. 고장 났으면 고쳐야 따시게 살지요."

"엄마, 오늘은 글쓰기 가는 날이제. 엄마 글이 은유와 비유가 부족하다? 철학적이지 못하다고? 걱정마라 엄마, 지금 그대로가 좋다. 엄마만이 쓸 수 있다."

"엄마, 오늘은 회사 근처에서 큰누나 만나서 저녁 먹을 거다. 우리끼리 만나면 엄마 잘한 것 이야기한다. 한 가지 있다. 우리 형제 네 명 낳아 준 것 너무 고맙게 생각한대이, 엄마."

"엄마, 야생화 숫자 줄이고 유실수 심었다고? 잘했다 엄마, 미학과 실학의 만남이네. 한번 보러 내려갈게요."

묻힌 소리

후쿠오카에서 이틀째다. 유후인에서 첫날을 보냈다. 아래로는 민가가 멀리 보이고 산과 나무가 있는 하늘 아래 선녀탕이다. 동래 온천장에서 태어난 나는 온천을 즐긴다. 오늘은 신사와 일본식 차 정원을 둘러볼 생각이다. 막내딸 안내로 하카타역 근처 스미요시신사를 찾았다. 일본에서 3위 안에 들 만큼 규슈에서도 오래된 신사 건물로 유명하다고 한다. 그림책을 넘기듯 발길 따라 바뀌는 장소가 어둡고 무겁다. 하늘이 잿빛으로 내려앉은 탓일까. 구석구석 구경하지는 못했지만, 단청 색깔부터 밝고 아름다운 우리의 사찰과는 사뭇 다르다.

신사와 담벼락을 마주하고 있는 차 정원으로 발길을 옮긴다. 정원에 발을 들여놓는 순간 외부와 단절된 듯 고적한 분위기다. 바닥엔 정갈하게 깔린 포석돌이 마음을 차분하게 만든다. 담장 옆으로 또 다른 대나무 담장이 있어 내부의 신비감을 자아낸다. 단순하면서도 깨끗한 분위기여서 생각했던 신사와는 완전 다르다. 무엇보다 입구 돌담이 낯익어 정겹다. 하카타 돌담이다. 상인들이 하카타마을을 전쟁 후의 재난에서 부흥시키기 위해 타다 남은 돌이나 기와를 점토로 굳혀서 만들었다. 마치 흙담처럼 보인다. 황토에 짚을 썰어 넣어 물을 붓고 짓이긴 다음, 대나무를 쪼개어 세로로 박아 세운 버팀대에 얽어매었다. 흙이 흘러내리지 않게 바르는 흙담이 있는 옛날 큰집이 생각났다. 흙담만으로도 기대감에 설레게 한다.

돌담을 지나 다실로 향한다. 다실 문이 열려 있으나 사람은 보이지 않는다. 다다미가 넉 장에서 여섯 장씩 크고 작은 방 세 개가 나란히 붙어 있다. 다실과 다실 사이를 여닫는 창호지가 발린 문이 활짝 열려 있다. 차를 끓일 수 있는 화로 하나와 벽에 두루마리 족자 하나뿐 내부는 간결하다. 다실에 앉아 밖의 정원을 볼 수 있게 창문은 유리로 되어 있다. 다다미 다실에 단정히 앉았다.

봉차 자가 조용히 들어온다. 다상도 없다. 다다미 위에 가로세로 3센티미터 정도의 작은 흰 종이 위에 꼬마 다식 하나와 녹차 한 잔을 각각 앞에 놓고 나간다. 눈인사라도 할 여유도 주지 않고 아래만 보고 임무만 끝내고 나갈 때 냉정하리만큼 고요함이 느껴진다. 너무나도 간단한 차 한 모금의 대접이다. 차에서만은 비밀스런 요소가 감추어져 있을 거란 생각을 하며, 앞에 놓인 차를 농차라 생각하고 음미했다. 우수하다고 하는 일본 녹차는 맛보지 못했다.

이곳은 하카다의 상인이었던 지카마사 씨가 1906년에 지금의 스미요시별장을 지었고 후에 차를 즐길 수 있는 다실로 삼았다. 이후 애도시대에 유행한 지천회유식 일본 차 정원으로 개원했다. 개인 다실을 전통으로 만들어 발전시켜 나가는 배려에 놀랐다. 다실을 유료 운영하면서 교육장으로 쓰는 지혜로운 결정도 인상적이었다. 이곳 일본은 작은 것도 놓치지 않고 계승·발전시켜 나가는구나 생각하니 그들의 정신세계가 대단해 보인다.

사계절 변화를 즐길 수 있도록 만든 야외 차 정원을 둘러본다. 자연석으로 만든 작은 폭포수를 흘려 풍류를 즐기기에 알맞게 만들어 놓았다. 짧은 돌다리 옆으로 금붕어가 인기척에 모여든다. 시내 중심지 가까운 곳에 있다는 게 믿기 어려울 만큼 주위가 한적하고 고요하다. 5월의 숲과 물이 있는데 새소리는 들을 수 없다. 나무와 돌담, 이끼 낀 석등과 돌확에서 오래된 세월의 흐름이 묻어난다. 조용히 귀를 기울이면 땅속에 묻힌 물항아리에서 들려오는 수금굴의 물방울 소리를 감상할 수 있다고 한다. 걸음을 멈추고 귀에 신경을 집중해 본다.

낯선 장소가 주는 긴장감과 새로움에 감각은 예민해진다. 얼마나 지났을까. 쪼그린 다리에 쥐가 나도 끝내 수금굴의 물방울 소리는 들리지 않는다. 들으려고 애쓴 만큼 긴장한 탓일까. 몸도 감각도 굳었는지 소리는 들리지 않았다. 무상무념의 경지에 들어서지 못하고는 끝내 들을 수 없는 저 깊은 땅속의 물방울 소리가 아쉬울 뿐이다.

우리 집 마당에서는 사철 새들이 짹짹 꾸르럭 울어대는데 여기서는 새소리, 바람 소리도 들리지 않는다. 들을 수 없는 게 내 탓일까. 일행을 흙담 쪽으로 보내고 다시 귀를 갖다 댔지만 수금굴의 물방울 소리는 듣지 못하고 돌아 나온다. 들어갈 때의 기대감은 간곳없고 뭔가 비밀스런 장소에 갔다가 아무런 발견도 하지 못한 실망감이 스친다. 그러나 그들의 차에 대한 깊은 명상 세계를 인지할 수는 있었다. 다도, 그 도의 경지에 들어가면 묻힌 소리를 들을 수 있을까. 살면서 내가 듣지 못한 소리 또한 얼마나 많았을까. 아무 소리도 듣지 못함을 애써 나의 부족함으로 돌린다.

지천회유식으로 만든 차 정원 끝자락을 돌아나온다. 회유라 하기엔 민망할 정도로 짧은 거리다. 앙증맞다고 해야 하는 작은 것에도 일본의 섬세함이 잘 드러난 시설이다.

하룻밤만 더 묵으면 부산으로 간다. 유연성과 순박한 맛은 우리의 녹차가 제일이다. 집안일을 하다가도 수시로 차를 끓이고, 꽃을 만지다가도 수시로 차실에 앉아 여유를 즐길 수 있는 서초당 다실이 생각나는 후쿠오카에서의 마지막 밤이다.

우리 집 다관에 떨어지는 마지막 한 방울의 물소리가 그립다.

벚꽃 지고

상큼하고 화려했던 꽃잎이 떨어진다. 나무와의 짧은 만남이 끝난다. 잠시 머물다 가는 인연이 꽃에도 있다. 엊그저께만 해도 꽃이 남아 있었는데 간밤에 내린 비 탓인가. 오늘 보니 파릇파릇 새순이 나와 햇볕의 마중을 받고 있다.

낙동강 강변 삼십 리 벚꽃 축제가 열리고 있다. 꽃 반, 사람 반이다. 꽃에 물든 사람들에게서 꽃향기가 날 것 같다. 자전거 타면서 보고 전철 타고 가면서 스치는 벚꽃을 가까이 다가가서 보지 못했다. 다른 해보다 올해 벚꽃이 화사하지도 않다. 날 잡아서 한 번 가야지 싶은데 바람 불고 비오니 날 잡기가 어중간하다. 같이 갈 사람 찾고, 토요일 갈까 일요일 갈까 궁리만 하는데 꽃은 벌써 지고 있다.

벚꽃이 떨어지고 새순이 돋아나 햇볕에 빤짝이면 아버지가 생각난다. 아주 오랜 기억 속 1960년쯤 그날, 아버지가 벚꽃주를 거나하게 드시고 오셨다. 진해 웅촌으로 벚꽃놀이를 가셨는데 꽃은 떨어지고 없고 꽃보다 더 예쁜 새순이 햇빛을 받아 눈이 부시더라, 꽃보다 푸른 잎도 참 아름답고 해서 한잔했다는 답변이었다.

'올해도 꽃구경 놓치고 마네, 우째 이리 봄날은 빨리 지나가누' 하고 엄마 푸념이 이어졌다. 육 형제와 할머니에 큰집 조카까지 대식구를 거느린 엄마는 항상 바쁜 생활을 하셨다. 꽃구경 갈 시간적 여유도 없었지만 그래도 엄마는 꽃 핑계 삼아 바깥나들이를 하고 싶었던 게다. 떨어진 벚꽃 구경일지라도 같이 갔으면 하고 푸념을 늘어놓을 때 아버지는 '내년이 있다 아이가. 그때 가자'라고 어머니를 달랬다. 한두 번도 아니고 매해를 미루니 엄마도 짜증이 났다. '며칠 못 견디고 떨어지는 저 벚꽃은 첩사이고 신록은 본처 아니겠나.'라며 엄마 한숨은 이어졌다. '그동안 내가 애(참외)많이 먹였다 하니 그러면 앞으로 수박 맛을 보여주꾸마.' 하고 엄마 불평에 종지부를 찍는 아버지는 풍류시인이었다.

떨어지는 꽃잎을 첩으로, 꽃잎이 떠난 자리에 새잎이 나와서 오랫동안 나무와 한해를 같이하는 잎을 본처로 비유하셨다. 술을 드시고 오는 날에는 항상 누구와 한잔했다, 초상집에 갔다 왔다, 거절을 못 해서 한잔했다, 사연을 듣다 보니 취해 버렸다고 핑계가 그럴듯했다. 그때마다 소소한 불평이 나왔다. 언쟁도 있었다. 이제 애 그만 먹이고 수박 맛을 보여 주겠다는 소리만 나오면 어머니는 조용해지셨다. 먼 훗날 그 말의 뜻을 알았다. 자꾸 잔소리하면 술 더 먹고 올 거다, 그래도 잔소리 할거가 하는 뜻이 담긴 으름장이었다. 어머니 입막음의 대표적인 말이었다. 어쩜 아버지는 그렇게 간단하게 불평의 말을 잠재울 수 있었는지. 지금 생각해 보면 막내였던 아버지의 어리광이 아니었나 싶다.

일주일에 서너 번은 도시철도로 구포다리를 건너면서 낙동강 물을 본다. 여기쯤일까. 아니 여기쯤일 거야 하고 아버지가 노 저으면서 시아버지와 뱃놀이했던 장소를 찾는다. 아버지가 돌아가신 날 시아버지가 문상을 오셨다. '아가, 네 사돈 덕에 평생 해도 못 할 구경에 음식 대접 잘 받았다'라고 했다. 금시초문이었다. 몇십 년이 되도록 단 한 번도 들어 본 적 없는 아버지의 깊은 배려에 가슴이 찡해졌다. 합천에서 방앗간을 하신 시아버지는 사돈 덕에 처음 해 본 뱃놀이라 무척 감동 받았다고 했다. 아버지의 사돈 대접이었다. 철없는 여식을 사돈에게 보냈으니 이제부터는 사돈 자식이니 잘 가르치라고 하셨다고. 아버지도 시아버지도 아무 말씀이 없어서 몰랐던 사실을 왜 아버지 가신 날에야 말했는지 원망스러웠다. 그때 대접 잘 받았다고 말했으면 '아버지 고맙습니다.' 하고 인사라도 했을 텐데….

벚꽃 피고 지던 봄날 같은 젊은 시절이 내게도 있었다. 딸 셋을 두고 아들을 낳았을 때 남편은 하늘의 별도 따주겠다고, 말만 하라고 하면서 뭐든지 다 들어 주었다. 하던 사업도 궤도에 올라 안정되었고 기사도 두어 운전하게 하고 다녔던 꽃놀이였다. 그때는 세상 꽃이 나를 위해서 피어나는 줄 알았다. 행복한 날들이었다.

그때 어머니 시대보다 훨씬 좋은 시대에 살고 있지만 때 맞춰 꽃구경 가기가 수월치 않다. 다른 볼거리도 많고 가로수마다 벚꽃이고 또 별 의미를 느끼지 못하는 나이이기도 하다. 지난날 어머니는 가끔 아버지 이야기로 눈시울 적셨다. 자상한 아버지셨다. 어머니가 둘째를 품고 있을 때 한 손은 어머니 손을 잡고 한 손은 앞사람들 가까이 못

오게 막으면서 부산극장으로 영화를 보러 가셨단다. 그때 극장 안은 만원이었다. 아버지는 두리번두리번 극장 안을 살피면서 쓰고 계시던 중절모를 벗어 휙 던졌다. 중절모는 관중석을 가로질러 중앙에 있는 빈자리를 찾아 사뿐히 내려앉았다. 그날 어머니는 중절모를 무릎에 올리고 편안하게 영화를 보셨단다. 아무리 사람이 많아도 극장 안 빈자리는 꼭 찾아낸다고 뿌듯해하시던 어머니가 생각나는 봄날이다.

아버지는 공무원이셨다. 시청 건설과에 계셨다. 엄마는 항상, 네 아버지는 산으로만 다녔다고 하셨다. 처음엔 그 뜻을 몰랐다. 길을 두고 왜 산으로 다녔을까. 양산 마산 부산으로 발령받아 다니셨다고 했다. 지금 생각해 보면 도시가 변하고 발전할 때마다 그곳으로 발령받아 옮기신 것 같다. 세밀한 도시계획을 빈틈없이 잘하셨나 보다.

정확하고 자상한 아버지였다. 새 학기 때마다 흰 도화지로 반듯하게 접어서 책꺼풀을 해주었고 연필깎이보다 더 정교하게 연필을 깎아서 나란히 필통에 넣어 주셨다. 지금도 형제들이 모이면 그때의 연필 얘기와 흰 도화지의 책꺼풀 얘기로 향수를 불러일으킨다. 태산 같은 아버지는 안 계시지만 나는 지금까지도 책을 사거나 배달돼 오는 책을 누런 봉투 종이로 책꺼풀해서 들고 다닌다.

내 품 안의 자식들을 인연 줄 맺어서 내보내니 나는 어느덧 빈 겨울나무가 되었다. 부모와 자식 간 만남이나 모든 사람과 물건의 만남이나 꽃들과의 만남도 궁극엔 다 헤어지게 된다. 지금 생각해 보니 참 많은 인연 줄이 왔다 간 세월이었다.

그 시절 꽃구경이나 지금 꽃구경이 같을지 모르지만, 정서로나 차편을 생각해 보면 그때의 벚꽃놀이가 더 가슴이 뛰고 멋있었다는 생각이 든다. 사람들은 피는 꽃을 찾아가서 보면서 즐기지만 나는 꽃을 피우면서 가까이 두고 살아가고 있다. 오늘도 꽃과 하루를 열고 닫는 꽃밥 짓는 여인이 되어 아버지를 그리워한다.

엄마의 나물

열매 이름은 자리공이다. 새들도 독성이 있다고 먹지 않는다. 먹으면 줄똥을 싸기 때문이다. 한낮의 뜨거운 햇살을 받으며 살을 찌우는 자리공은 장록나물이지만 내 고향에서는 장목나물이라 불렀다. 다년생 유독성 풀이며, 뿌리는 상륙이라 하여 이뇨제로 쓰인다. 사전에는 '자흑색의 장과가 익음'이라 쓰여 있지만 만지면 선홍의 핏빛을 손끝에 쏟아낸다.

엄마의 마음을 아프게 하고 결혼했다. 꿈꾸던 파랑새는 없었다. 스스로 택한 길이라 후회할 수도 없었다. 그해 여름은 지독히 가물었다. 풀잎조차도 더위에 흐느적거리고 있을 때 엄마가 찾아오셨다. 그렇게 미안할 수가 없었다.

네가 택한 길이 이 길이냐고 할까 봐 부끄러웠다. 왜 왔냐고, 별일 없이 살고 있으니 아버지가 기다릴 텐데 빨리 가시라고 투정을 부렸다. 양손에 들고 온 물건을 얼른 받지도 못했다. 어머니 맘이 얼마나 힘드셨을까.

그땐 그 생각도 못 했다. 여름에 입맛 잃을까 봐 명란알, 조기, 김치, 나물을 자개가 박힌 찬통에 알차게도 넣어 오셨다. 부엌에 신발을 벗고 방으로 들어가는 단칸방이지만 부엌과 방을 둘러보시며 이것저것 치우고 정리해 주셨다. 무슨 말인지 많이 하셨지만 독성이 있으니 물에 우려내고 먹으라던 그 말만 귀에 들어왔다. 행여 잘못해서 나물 속에 독성이 있을까 봐 엄마가 가시고 난 뒤 몰래 버렸던 기억이 간혹 나를 아프게 했다. 양념 된장에 버무린 장목나물을 처녀 때는 맛있게 잘도 먹었는데….

육 남매의 맏이인 내게 부모님 사랑은 유별했다. 철 따라 반찬을 달리해 오셨다. 여름엔 장목나물, 소고기장조림, 멸치볶음을, 가을엔 파래무침과 김이 단골 메뉴였다. 그 사랑도 대물림으로 이어져 첫 외손녀를 유치원까지 보냈으며 시집가서 임신이 안 된다고 흰 접시꽃만 달여서 그 물을 먹였을 정도였다. 엄마의 음식 솜씨는 대단하셨다. 아무도 거들떠보지 않는 장목나물도 엄마 손을 거치면 맛이 예술이었다. 나는 그 손맛을 닮지 못했다.

그때 엄마보다 더 나이 든 내가 이곳 시골 생활을 시작할 때 뒷마당에서 장목나물이 보였다. '엄마아' 나도 몰래 입에서 가는 떨림이 새어 나왔다. 하늘나라 은하수 마을에 계신 엄마가 날려 보냈을까. 반가웠다. 수십 년 잊고 살았던 엄마의 나물이 이제는 내 밥상에 가끔 오른다. 어린 순은 데쳐서 초무침을 하거나 식용유를 넣고 볶아서도 먹는다. 자연으로 엄마에 대한 향수를 풀어내며 살고 있다.

그중 한 가지가 자리공 염색이다. 연탄불 위 양은 대야 속 희끔한 옥양목 천을 작대기로 뒤적이라던 엄마였다. 잘못 뒤적여 내 옷에 물이 튀면 조신하지 못하다고 나무라시던 엄마가 싫어 피해 다녔던 시절. 손끝에 묻어나던 그 색깔을 내려다 많이도 실패했다. 잎과 줄기와 열매를 넣어 삶아서 염색했지만, 그 색이 아니다.

명주에 열매와 매염제를 넣어서 비닐봉지에 담고 방망이로 톡톡 두들겨가며 물을 들였다. 두드릴 때마다 먹물 튕기듯 번지는 빗살무늬가 하얀 명주에 그림을 그린다. 자리공 염색은 견뢰도가 약하다. 물들인 염액이 쉽게 빠져나가는 게 흠이다. 그때 눈여겨봐 두었으면 이 생고생을 면했을지도 모른다. 피해 다녔던 지난날이 아쉬워지는 요즘이다.

뿌리는 더 독성이 강하다. 뿌리와 늙은 잎, 줄기는 삶아서 농약 대신 천연 살충제로 쓴다. 모를 땐 쑥을 야구공만하게 뭉쳐서 앞마당에 놓아 모기 퇴치용으로 썼지만 지금은 장목나물로 모기를 잡는다. 결점도 있다. 쑥은 연기로 모기를 쫓아내지만 죽이지는 못한다. 장목나물은 모기를 죽이기도 하지만 나비, 여치, 거미 같은 곤충의 유충까지도 없애기 때문에 가려서 뿌린다. 집에 수생식물이 많아 모기의 모충을 없애는 데만 쓴다. 우리의 토종 장목나물은 줄기가 푸른빛이 돈다. 줄기가 붉은빛이 도는 것은 미국자리공이다. 얼마 전에 마을 앞산에 갔는데 전부 미국자리공이었다.

해마다 찾아봐도 자리공이 눈에 띄지 않는다. 나무도 아닌 것이 키는 1미터 넘게 크고 가지 끝에 열리는 열매는 떨어지면 바닥을 섬붉세 물들인다. 떨어진 열매를 잘못 밟으면 바낙에 붉은 도장을 찍는다. 이곳 농촌에서는 보이기만 하면 낫으로 휑하니 쳐서 날려 버린다. 천연 염색 재료가 없어져서 안타까워하는 건 나뿐이다. 손톱이 까매지고 하찮게 보이던 그 일을 지금 내가 하고 있다. 무릇 좋은 것과 나쁜 것, 선과 악이 공생하는 자연이 신비롭다.

자연 염색으로 그 오묘한 빛깔의 멋을 낼 때는 빨랫줄에 바지랑대 높게 올리고 바람과 햇볕 아래서 자리공 특유의 색깔을 품어내게 한다. 염액에 넣어 주물러서 씻고 말리고를 반복해서 햇볕에 산화 과정을 거쳐야만 진정한 자리공 빛을 발한다. 은은한 연 자색 천이 바람에 나부낀다. 천 위로 그리운 엄마 얼굴이 보인다. 쌉싸름한 장목나물 향이 입안에 퍼진다.

꽃이 먹을 것 줘요?

오늘은 그녀가 보고 싶다. 교환 교수로 간 낭군을 만나러 말레이시아로 간 지 벌써 보름째다. 전북 고창 시댁에서 가져온 진하게 익힌 복분자 진액이 생각난다. 아껴 먹었는데도 한 달 만에 밑바닥을 드러냈다.

18년 전 부산귀농학교 동문으로 그녀를 만났다. 11년이란 나이 차 때문인지 처음엔 조심스럽게 내게 접근해 왔다. 취미가 같고 뜻이 비슷한 사람과의 만남은 나이 차가 문제가 아니었다. 그녀와의 만남은 마음을 터놓게 되면서 생활의 활력소가 되었다.

영도에서 버스를 세 번이나 갈아타고 대동면 안막까지 온다. 시간 맞춰서 내 차로 그녀를 싣고 평촌마을 우리 집으로 온다. 벌써 13년째 그런 만남이 이어진다. 아파트에서 분에 키우는 야생화보다 마당에서 자라는 튼실한 들꽃을 보면서 대리만족을 느낀다니 나로선 반가운 일이다. 대문 대신 아치형으로 만든 으름나무 그늘을 지나 마당에 들어선 순간부터 "와 야생화 예쁘다, 잔디도 금잔디네" 하면서 분에 올려놓은 야생화를 어찌 이렇게 예쁘게 잘 키웠냐고 연신 탄성을 지른다. 난 또 탄성을 질러주는 맛에 나이 어린 벗을 맞이한다. 한두 해는 꽃 보고 차도 마셨다. 낙동강 둑길을 거닐며 놀았다. 농촌의 정서에 빠졌다. 점심은 드라이브 겸 차를 몰고 상동까지 가서 추어탕을 먹으며 멀리까지 온 정성에 답한다.

두 해를 넘기고는 본격적인 간섭이 시작되었다. "꽃이 먹을 것 줘요? 이것저것 다 걷어내고 채소 심어요." 한다. 귀한 무늬억새풀, 풍지초를 잡초인 줄 알고 뽑아버리는 통에 나를 당황하게 만들더니 다음번엔 호미질로 땀을 흘리면서 뒷마당을 채소밭으로 바꿔 놓았다. 내가 보기엔 대충 흩뿌려 놓은 것 같았는데 거기서 아욱이며 근대와 쑥갓이 자랐다. 일주일에 한 번씩 와서는 채소밭을 둘러보며 꽃을 잘 키우니까 물은 잘 줬다고 종알거리며 조사 아닌 검사를 하면서 즐거워한다.

마당 한쪽에 있는 하우스 안으로 들어가서 방울토마토, 가지, 오이를 따와서는 씻어놓는다. 정구지에 고추와 방아를 넣어 전을 부치면 금세 상이 그득 찬다. 그녀가 오면 부엌도 그녀의 것이 된다. 꿀맛 같은 늦은 점심을 먹고 너른 창가에 앉아 새로 만든 으름덩굴차도 마신다.

내가 사는 이 동네는 농사짓는 사람들이 대부분이다. 여기서 몇 년을 살다 보니 지금은 무슨 씨를 뿌리는지 비닐하우스 안에는 무엇이 자라는지 들어가 보지 않아도 알 수 있게 되었다. 이웃들은 당근이며 토마토와 정구지 등을 검은 봉지에 담아 수시로 마당 안 나뭇가지에 걸어두고 간다. 처음엔 누가 무엇을 두고 갔는지 몰랐다. 다음날 닭장 앞에서 서성이면 "형님 갈아 잡수라고 걸어놨는데 모자라면 말씀하이소." 한다. 그렇게 정이 쌓이고, 나는 양파 염색을 한 머플러로 답을 한다.

"형님, 얻어먹지 말고 직접 심어 드세요." 채소 키우면 사라는 모습이 얼마나 예쁜데 하면서 채소밭을 만들어준 그녀다. 그녀는 학교 관사 뒤편에 야산을 개간해 이십 여 종의 야채와 구근 식물을 키워 자급자족하며 살아가는 알뜰 주부다. 도시에서 열악한 환경 속에서도 땅 한 평도 놀리지 않는다. 성격도 소탈하고 검소하다. 공휴일엔 부부가

합심해서 채전밭을 가꾼다. 근면함이 몸에 밴 생활을 한다. 아끼고 좋아할 수밖에 없는 사람이다.

언제 돌아올는지. "꽃이 먹을 것 줘요? 이것저것 걷어내고 채소심어요." 하던 그녀의 음성이 온 정원을 뛰어다닌다. 꽃이 먹을 것 주냐고? 주지, 사람이 배만 부르면 다야? 정서도 불러야지 살아가는 맛이 나지. 그러면 여시 같은 그녀는 또 쫑알거린다. 한마디도 지지 않는다. 갑론을박하며 한참을 웃고 눈 흘기고 하다가 결국 내가 꼬리를 내린다. 현실적인 그녀 앞에서 나는 한갓 꿈만 꾸는 늙은 애기다.

차방 유리 창가에 앉으니 밖에서 들리는 매미 소리가 요란스럽다. 벌써 여름이 왔음을, 이런 자연의 소리를 들으며 계절을 실감한다. 요즘, 참새가 잘 보이지 않는다. 직박구리, 딱새, 동박새, 박새와 이름 모를 새들이 은행나무와 동백나무 사이를 누비며 알을 낳고 부화시켜서 짧은 날갯짓으로 이 나무 저 나무 사이로 날아다닌다. 새들의 걸음마를 볼 때는 신기하기 그지없다. 한가로이 망중한을 즐기고 있는데 그녀에게서 연락이 왔다. 한국에 왔다는 기별이다.

돌아온 기념으로 황토 염색을 하는 날로 정했다. 평소 그녀가 갖고 싶어 해서 시범을 보였다. 광목을 깨끗이 씻어서 햇볕에 말리고 콩물에 치대고 꼭 짜서 다시 햇볕에 말리고 황토물에 넣어 면에 골고루 스며들도록 손으로 치대야 하는 고된 작업이다. 염색이란 하루종일 한다고 되는 게 아니다. 수세하고 말린다. 또 황토물에 넣어 치대기를 반복해야 하는 시간과 수고가 따라야 하는 힘든 노동이다. 종알대면서도 잘 따라 한다. 이제 겨우 시작이라고, 다음 주에 하면 되지 한다. 조급증을 내지 않는 성격이 더욱 마음에 든다.

황토 염색이 끝나면 그 물로 서로의 등에 발라주고 햇볕에 탄 얼굴에도 예쁘게 발라 준다. 황토는 피부를 매끈하게 만들어 준다. 여름이 아니면 맛볼 수 없는 멋이다. 맨살끼리 부딪치며 또 정이 쌓여간다.

뒤란 재전밭 사이로 여름 들꽃이 흔들린다.

골담초꽃

톡톡, 꽃송이를 딴다. 꽃을 따는 일이 잔인해서 어찌 꽃차를 마실 수 있겠냐며 한동안 만들 엄두를 내지 않았다. 꽃은 군데군데 골라 뽑아야 한다. 성기게 해주어야 열매가 잘 여물고 생명이 대를 이어간다. 골라 뽑은 꽃으로 차를 만들면 된다는 말에 꽃차를 만들고 시음해 보게 되었다.

꽃은 저마다 독특한 향과 멋스러움을 지닌다. 난꽃 매화꽃 생강꽃 등꽃 골담초꽃 찔레꽃 연꽃 칡꽃 감국꽃 꿀풀꽃 구절초꽃 등 여러 종류의 꽃차를 만든다. 음미하며 느끼는 감정은 다 개인적이지만 나는 골담초骨擔草 꽃차만을 즐겨 마신다. 향기를 맡으며 입안에서 목으로 넘길 때의 부드럽고 구수한, 미세하지만 달작지근한 매력에 빠져든다.

골담초 꽃차는 관절염에 효과가 있다고 알려져 있다. 뼈골骨에 멜담儋 풀초草로 뼈를 책임진다는 말이다. 잎으로 만드는 차는 기능성을 위해 구증구포를 하지만 꽃차는 모양과 색깔을 위해 세 번만 살짝 덖는다. 찻물 온도는 꽃잎이 물에 데지 않을 만큼의 60~70℃의 온도에서 우려먹는다. 하루 일상에서 마시는 꽃차 한잔은 소소한 즐거움이고 여유로움 속 호사다. 칼슘이 풍부하고, 사포닌 카라카닌 등 인체에 이로운 성분이 많다. '이 꽃차는 뼈를 튼튼하게 해주는 효과가 있어.' 하고 효능을 살짝 띄워가며 아름다움을 마시는 게 골담초 꽃차의 매력이다.

골담초에 얽힌 전설이 있다. 영주 부석사 무량수전 오른쪽으로 돌아 올라가면 고려 때 창건한 국보 제19호인 조사당이 있다. 부석사를 창건한 의상대사가 짚고 다니던 지팡이를 조사당 처마 밑에 꽂았더니, 가지가 돋아나고 잎이 피어 오늘에 이르렀다든가. 퇴계 선생이 부석사를 찾아와 이 선비화를 바라보며 시를 짓기도 하였다. 이름은 골담초라 부른다고 팻말에 쓰여 있다.

뒤뜰에서 골담초꽃을 따는데 설핏 엄마 모습이 어른거린다. 어릴 때 창원군 동면에 있는 큰집에 갔을 때다. 장독대 옆 나무에서 노랑꽃을 따서 내게 주면서 꽃 대궁 속에 꿀이 있다고 해서 빨아먹던 게 새삼 생각났다. 달콤한 맛에 더 먹겠다고 손을 뻗어 꽃을 따는데 가늘고 긴 가시침이 손등에 꽂혔다. 아픔에 놀라 호들갑떨며 나무에서 물러나던 때가 생각나 입가에 미소가 출렁거렸다. 그때 질린 가시는 무척 아팠는데 지금 내 손등에 꽂힌 가시침은 잊었던 기억을 되새기게 한다.

일 센티미터가 넘는 빳빳한 가시가 흔들림 없이 손등에 딱 꽂혔다. 의상대사의 신령스러운 지팡이도 그랬을까. 가시에도 대사의 혼이 서렸는가 보다. 손등에 박힌 가시의 끝부분은 눈에 보이지 않을 정도로 가늘고 뾰족하다. 지팡이의 밑 부분같다. 윗부분은 바늘보다 조금 굵다. 가시 삼분의 일이 뾰족한 가시고 나머지는 가지처럼 생겼다. 손잡이가 없는 지팡이 모습이다.

사월 초순이면 손등이고 팔에 가시 침이 박힌다. 따끔하면서도 아픔은 잠깐이고 가시가 꽂혀 있어도 아프지 않은 게 특징이다. 찔레 가시에 찔리면 화가 날 정도로 오랫동안 아프고 따가운 것과는 전혀 다르다. 잎 겨드랑 사이에 노랑나비 모양의 꽃이 예쁘고 뼈를 튼튼히 한다 하여 집 정원이나 담장 옆에 많이 심는다.

골담초꽃이 피면 엄마 생각이 간절하다. 봄 정구지에 노랑 골담초꽃을 넣어 맛나게 전을 부쳐주시던 엄마와의 봄날이 생각난다. 솜씨며 모양새며 모든 면에서 엄마를 따를 수 없이 부족하지만 골담초 꽃차만은 예외로 나의 자랑거리다.

사월의 햇살 아래 토실하게 살이 오른 골담초꽃 따는 소리와 감촉은 따 본 사람만이 안다. 긴 가지 마디마다 가시가 버티고 있다. 함부로 대하지 말라는 대사의 일침인가 싶다. 꽃을 따기엔 힘들지만 한 송이씩 딸 때마다 꽃에서 나는 소리가 톡톡 경쾌하다. 아침 일찍 해 뜰 때, 귀로 눈으로 피부로 느끼며 꽃을 딴다. 손끝에 와 닿는 오돌한 감촉과 명랑한 꽃의 웃음을 듣는다.

사황빛 도는 아름다운 찻물만큼 마음도 명랑해지는 치유력의 꽃차, 향기의 여운이 꽃잎을 달래는 골담초 꽃차 한잔을 어머니께 올린다. 골담초 꽃차는 언제나 그리움이고 향수다. 시간도 세월도 능히 되돌려 준다.

이 돈, 받지 마소

그[N]와 나는 박씨 집안으로 들어온 사람들이다. 나는 며느리로 N은 사위로, 둘은 동갑내기다. 참 많은 세월이 흘렀다. 윗사람들은 다 세상을 떠나고 이제 어른들은 몇 안 남았다. 유일하게 동갑내기 둘은 건재하다.

남편이 떠나고 삼 일간은 나는 내가 아니었다. 시어머니가 시키는 대로 차려진 상에 밥 올리고 절하라면 절하고 물 올리라 하면 물 올리고 호명에 따를 뿐이었다. 정신도 없었고 멍하니 목석 인형처럼 어색하게 움직였을 뿐, 나 자신은 어디에도 없었다. 젊어 남편 보낸 죄인이라 말할 자격조차도 없었다. 그저 말문을 닫고 있는 게 상책이었다. 삼 일 동안 거의 음식을 먹지 못했다. 밥맛도 없었고 먹으려니 산 사람은 저리도 잘 먹는구나 할 시어머니의 눈총이 걸렸다.

삼우 되던 날 아침, 아이들과 양산 산소에 갔다 힘없이 집으로 돌아왔다. 기다렸다는 듯 N이 들어왔다. 큰방에는 집안 어른들이 있고 할 말이 있으니 작은 방으로 가자고 한다. N은 들고 온 부의록을 내놓으며 말한다. 소복을 입은 미망인에게 "처남댁, 이 돈 받지 마소. 이 돈 큰형님한테 맡기고 매달 얼마씩 타서 써소" 한다. 더 기막힌 말은 작은형님이 안 계시니 급해서 이 돈을 좀 써야겠다고 한다. 난 그 N의 얼굴을 쳐다봤다. 이 사람이 시누이 남편이 맞나. 평소에 작은형님이 박씨 집안의 기둥이라고 집안 인물이라며 남편을 치켜세우던 그 N이 맞나 싶었다. 멍한 정신을 망치로 내리치는 순간이었다. 내 남편 앞으로 들어온 부의금을 욕심내다니.

"N서방, 이건 말이 아니지요. 도대체 얼마가 들어왔는지 내가 알고는 있어야지. 무조건 맡겨서 타 쓰라니. 또 회사가 어렵다니, 무슨 말이요. 회사가 어려울 때 우리 집을 담보로 해서 부도도 막고 정상으로 움직일 때까지 얼마나 많은 고비가 있었는지는 알고나 하는 소립니까." 삼 개월 동안 병실에서 이래라 저래라 하고 시켰는데 일을 잘못한 자기들의 무능함은 숨기고 간 사람을 욕보이는 일이었다. 돈 내 놓으소, 했더니 “돈이 있어야 내 놓지요.” 한다.

사람 하나 갔다고 이럴 수가 있나. 아이 넷에 아직 젊은 내가 무엇으로 어떻게 살아가라고. 나는 뿌리째 뽑혀 사막에 던져진 한 더미 풀이었다. 서럽고 억울해서 화풀이로 막 초등학교 들어간 어린 아들에게 가서 등짝을 모질게 내려쳤다. 죽음이 무엇인지 앞으로 볼 수 있는지 없는지도 모르는 여덟 살 철부지가 맥없이 이 사람 저 사람 눈치만 보면서 앉아있다. 정신 차리고 똑똑하게 살아가라고 했던 것이 어린 가슴에 상처만 남겼다.

같은 나이에 대학도 나왔으니 말이 통할 줄 알았는데 그는 그런 사람이 아니었다. 더 말이 통하지 않았다. 어쩜 나쁜 사람들이 하는 짓을, 배웠다는 사람이 지금 살아있는 큰형님 편을 들면서 나를 궁지에 몰아넣었다. 생활이 어렵다면 빌붙어 살기 위해 그럴 수도 있겠지만, 회사를 운영하는 그가 제일 바른말하고 집안의 헝클어진 윤리도 풀어 줄 줄 알았다. 힘을 합해서 내 부의금 권리마저도 뺏으려는 말을 하다니 하늘이 무너졌다.

집안에 사촌과 육촌들이 줄줄이 있는데, 그 악역을 왜 N이 자처해서 했는지 지금도 알 수가 없다. 큰형님도 양심에 어긋난 짓이니까 말 못한 것을 N이 양심을 저버리고 처남댁을 얕잡아본 것이다. 삼우날 눈물도 마르지 않고 슬픔에 정신없는 나에게 경우에도 없는 말을 하였다. N은 그 일을 잊어버린 듯 당연한 일을 한 듯 살고 있다. 학폭의 가해자처럼 쉽게 잊어버리고 사는 게 그의 본성인가. 당한 사람은 몇 십 년을 두고 가슴 아파하면서 살아가는데, 이 또한 학폭과 다를 바 없다. 내게는 상처고 그에겐 무엇이었을까.

억울한 세월을 보내면서도 당시 정서가 집안이라는 테두리 속에서 살아야 하는 시대여서 긴 터널 같은 어두운 시간을 보냈다. 희미한 불빛이 들어온 건 큰애가 교사 발령이 난 뒤부터였다. 열심히 공부하고 착실하게 살아줘서 등록금 걱정 없이 자식 모두 대학을 국립에서 마쳤다.

실로 이십여 년 만의 만남이다. 마음의 벽이 생기고 난 후의 만남이란 어색했다. 상대는 잊었는지 모르지만 나는 그를 보는 순간 속이 뒤집힐 듯 생생하게 지난 일들이 떠올랐다. 큰딸 결혼식 때 왔다지만 경황이 없었고 시집 식구들이 외면하던 시절이라 그냥 스치고 만 짧은 만남이었다. N도 집안의 사위로서 얼굴 내밀었다는 식의 눈도장만 찍는 동참에 불과했다.

세월이 약이라지만 잊히지 않는 것이 있다. 사람마다 나름의 사연도 있다. 살아가면서 오해도 풀고 용서도 구한다. 하지만 그렇게 못하는 사람들도 있다. 이미 떠난 사람은 어쩔 수 없지만 남아있는 사람들은 풀면서 살아야 하지 않을까. 세월이 흐르고 시간이 지났다고 모두 용서가 되는 건 아니다. 오랜 세월을 견디다 보니 앙금도 희석되어 잊을 것 같은데 이 일만큼은 그렇지 못했다.

인생도 정리할 때가 되니 지나간 일들이 후회와 기쁨으로 남아서 뒤돌아보게 된다. 잊을 건 잊고 살아야겠다. 정답이 없는 인생살이다. 말 한마디에 베인 눈물 젖은 상처가 드디어 꽃으로 피었다. 다시는 피어나지 않을 가슴에 박힌 옹이가 못다 핀 꽃을 피워 올렸으니 모든 것이 용서가 되었다. 정원엔 마지막 여름을 붙잡고 나도샤프란이 한창 멋을 내고 있다. 그날의 처남댁도 한평생 잘 살아왔다고 스스로 다독이며 살고 있는 지금이다.

들꽃 나들이

1. 그림과 들꽃

황토작가 그림전시회에 들꽃을 협찬해 달라는 기별을 받았다. 작가의 집을 방문했다. 그림 종류와 색깔을 보고 작가의 의견을 들었다. 화가 선생은 늘꽃에 내해신 무지히다며 내 마음대로 하라고 겸손을 보인다. 그림과 어울리게만 해 달라는 부탁을 받고 화가의 집을 나서는데 마당엔 향나무와 모과나무와 소나무만 보인다. 장작더미 위에 생활 도자기 몇 점이 눈에 띌 뿐 들꽃은 보이지 않는다.

나의 정원을 한참 쳐다보며 생각에 잠긴다. 그 자리의 주인공보다 눈에 덜 띄어야 한다. 그림이 주가 되고 꽃은 모퉁이를 돌 때 잠깐의 휴식 같은 역할을 해야 할 것이다. 작가의 그림 재료가 황토로 고향 돌담과 연날리기, 자치기, 물동이를 이고 가는 그림 등 전형적인 농촌 그림이다.

들꽃을 사각 홀 중 두 모서리에 배치했다. 한 모서리는 전통 옹기를 받침대 삼아 눕히고 바로 세우며 바닥엔 중간 크기의 마사를 깔았다. 옹기 약탕기에 헐덕이꽃을 올리고 귀한 꽃 장구채가 피어 중간 옹기 위에 올려놓았다. 금낭화도 올리고 바닥의 마사에는 키 작은 우리의 토종 바위솔을 종류별로 올렸다. 기왓장을 화분삼아 소복이 고봉밥 담듯이 채송화도 살포시 올려본다. 고봉밥 연출은 내 주특기다. 이렇게 삼각형의 소담스러운 정원이 만들어졌다. 내 꽃들은 각자 놓인 자리에서 자태를 뽐낸다.

또 한 모퉁이에는 바닥에 자잘한 일광해석을 깔고 채 피지 않은 해국과 잎이 예쁜 돌단풍과 석곡도 올렸다. 꽃이 진 타래난초와 왜솜다리도 한 화분씩 곱게 자리에 앉힌다. 흙 대신 바닥에 깐 마사와 일광해석의 차이는 위에 올리는 꽃의 분위기가 달라진다는 점이다. 꽃에 버금가는 돌에 핀 국화석과 매화석 소품도 올리니 한층 분위기가 어우러진다. 전시회 동안 매일 들러서 화분에 물을 주고 꽃을 점검해야 한다. 잎이 힘이 없거나 꽃이 시들면 다른 화분으로 바꿔줘야 하기 때문이다.

전시회 첫날, 오후 늦게 지인과 같이 전시장에 방문했다. 전시 첫날이라 늦게까지 손님들로 붐빈다. 화가 선생이 멀찌감치 떨어져 있는 나를 부르더니 주변에 인사를 시킨다. 쑥스럽게 인사하는데 작가의 그림과 잘 어울린다고, 우리나라 들꽃만으로도 이렇게 멋진 연출을 할 수 있음이 놀랍다고 추켜세운다. 들꽃모임 회원 전시회만 해오다가 이런 공식 자리를 혼자 힘으로 해냈다는 게 스스로 뿌듯하다.

2. 요리와 들꽃

벡스코에서 개최된 음식전시회 때 일이다. 요리학원 원장이 직접 찾아왔다. 전시회에 야생화로 분위기를 띄우고 싶다고 준비해 달라는 부탁을 받았다. 요리 선생이 원하는 꽃을 체크해가며 정원을 한 바퀴 돌았다. 너무 많은 화분을 고르는 바람에 내 의견을 전달하고 조율할 수가 없다. 꽃을 좋아한다고, 장소가 부족하면 남는 것은 기사를 통해 보내 준다고 하면서 신나게 고른다. 배달은 걱정 말라며 본인이 알아서 할 테니까, 꽃 이름만 적어 달란다.

전시회 첫날, 처음으로 벡스코에 갔다. 어마어마한 규모와 시설에 놀랐다. 음식만 전시하는 게 아니었다. 요리에 필요한 부자재도 같이하는 큰 행사였다. 행사장 입구부터가 여러 갈래로 분산돼 요리학원 원장의 행사장소도 찾기가 쉽지 않다. 한 바퀴를 돌고 다시 찬찬히 좌우로 눈길을 돌릴 때, 저만치로 눈에 익은 화분과 꽃이 보인다. 괜히 가슴이 뛰었다. 나도 몰래 바쁜 걸음으로 갔지만 그 앞까지 가지 못하고 멀찌감치 서성대며 그곳을 쳐다보았다.

요리학원장의 직책에 어울리게 두 부스를 사용하면서 한 부스는 시골 정원으로 꾸며놓았다. 멀리서 바라보기엔 사람들에 가려서 자세히 보이지 않는다. 나도 모르게 그 장소 앞까지 가서 바라보고 있다. 장독대와 사립문도 만들고 조그만 탁자와 의자도 준비해 놨다. 작은 아궁이에 무쇠솥도 올려놓고 부뚜막엔 하얀 백자에 정화수도 놓고 곳곳에 야생화를 올려놓았다. 요리시범도 했지만 사람들은 이곳에 다 모였다 할 정도로 붐빈다. 꽃을 사겠다고 하는 사람들도 많다. 원장이 사람 틈새에 끼여 서 있는 나를 알아보고 내 팔을 잡고는 정원 속 조그만 의자에 앉힌다. 그리고는 이 분이 이 꽃들을 키우시는 분이라고 나를 소개한다. 지지미 인조에 양파염색한 원피스를 입고 갔는데 얼떨결에 모델이 되었다.

3. 책과 들꽃

이번엔 출판기념회 들꽃 찬조다. 작가는 여러 권의 책을 냈지만 출판기념회는 처음이란다. 오랜 친분이 있는 사이도 아니고 구청문화원에서 수업을 받으면서 알게 된 지인이다.

듣고 알고는 있었지만 사람보다 책이라는 의미가 주는 무게 때문에 망설였다. 그냥 대충 알아서 하라고 하니 답답하다. 내가 얼마나 꽃을 사랑하고 꽃과 세월을 보내는지 알고나 있는지 궁금하다. 전시회에 나갔다 온 화분은 심한 몸살을 하기 때문이다. 또 잠시 올려놓았다가 내려놓아야 하는 짧은 시간이다. 굳이 들꽃으로 분위기를 띄워야 할 아무런 의미가 없다고 생각하니 맥이 빠진다.

나보다 나이는 어리지만 문단의 대선배라 거절 못하는 성격에 또 들꽃이 나들이를 하게 되었다. 문화원 삼층에서 하는 출판기념회라 들어오는 입구 오른쪽으로 책상을 니

은자로 길게 놓았다. 낙동강 언덕에 핀 강아지풀과 억새를 꺾어와 구석진 자리에 꽂고, 입구에 작가의 책을 올렸다. 중간쯤에 대추나무 수석 받침대를 놓고 꽃에 버금가는 일광해석과 매화석도 올려놓았다. 주먹만 한 작은 소품 분재도 올리니 깔끔하면서도 고급스럽다. 책과 잘 어울린다.

출판식보다 세 시간 먼저 나와서 준비를 끝내야 했기에 맘이 바쁘다. 나이가 들고 보니 준비하느라 피곤했나 보다. 출판기념회도 보지 못하고 집으로 왔다. 지금쯤 끝났겠지 하고 서둘러 가니 텅 빈 강당에 나의 애장품들만 주인을 애타게 기다리고 있는 게 아닌가. 아무도 없는 삼층 강당이 갑자기 무서웠다. 애써 '얘들아, 집으로 가자' 하며 하나하나 이름을 부르며 거둬들였다. 내겐 귀중하고 소중한 들꽃들인데 작가가 전화라도 한 통 해줄 일이건만….

덩그러니 남은 들꽃에는 아랑곳하지 않고 사람들과 식당에서 뒤풀이하고 있는 그를 본 순간 씁쓸하기 짝이 없었다. 글은 왜 쓰는지. 꽃 이름으로 묻고 싶었다.

4부

세월이 가야 한다

조롱박

끼젓 · 냉이를 닮고 싶다 · 세월이 가야 한다 · 풍지초 · 진례 도자기전

정원 만들기 · 길을 묻다 · 그 얼굴이 보고 싶어라

끼젓

오랜만에 침이 돈다. 요리 맛의 절반은 추억 속 맛이다. 아무리 좋은 음식도 추억이 깃들지 않으면 별로다. 내 고향에서는 간장게장인 '게젓'을 '끼젓'이라 부른다. 끼젓 맛을 아는 사람과 모르는 사람은 살아온 인생사에 큰 차이가 있다. 경상도 끼젓 맛은 소태 할배보다 짜다. 그래도 땡겨서 자꾸 먹는 맛이다. 얼마나 짠맛인가 하면 끼 달가지가 열 개인데 집게 달린 달가지 하나면 밥 한 공기는 너끈히 먹을 수 있는 그런 맛이다.

60년대 말에서 70년대 초까지 녹산 신호리 명호 지역에는 김이 많이 났다. 또 민물장어 치어와 끼를 잡아 생계를 이어갈 정도였다. 특히 녹산 수문껄 밑에는 밤중에 횃불을 켜고 민물장어 치어를 잡는 사람들이 바글바글했다. 옛날에도 지금도 민물장어 치어는 양식이 안 되었다. 오로지 자연산 치어를 잡아야만 양식이 가능해서 민물장어가 비싼 이유다. 그때 아버지는 낙동강 줄기 명지에서 김 양식을 했다. 부산 수산대학 수석 졸업생을 영입해서 했지만 5년을 못 견디고 김 양식은 문을 닫았다. 부산에서 아버지를 만나러 녹산까지 가면 아버지가 마중 오셨다. 양식장과 끼 잡는 모습은 도회지에서 보기 어려운 모습이라고 구경시켜 주신 기억이 선명하다.

그 당시만 하더라도 낙동강과 바다가 만나는 갈대밭이 굉장히 넓었다. 끼도 엄청 많았다. 끼를 잡으려면 물때와 날짜가 중요하다. 음력 보름께 끼를 잡으면 살이 없고 껍데기뿐이다. 맛도 먹을 것도 없다. 끼를 잡을 때도 2인 1조로, 끼를 팔 때도 2인 1조가 되어야 한다.

끼를 먹어본 사람은 낙동강 줄기인 사상 구포 녹산 가락 명지 삼랑진 한림정에서 태어나서 살아온 사람들일 것이다. 이 끼를 먹어보지 못한 사람은 그 맛을 상상하기 힘들다. 얼마나 짜고 깊은 맛이 있는지 모른다. 끼는 주로 봄에 갈대밭에서 잡아서 소금에 담가 보리타작 끝나고 벼 심을 때쯤 팔러 나온다. 그 당시만 하더라도 돈이 귀하다 보니 돈으로 끼를 사는 사람은 부산 시내에 거주하는 사람들이었다. 대부분 사람들은 보리를 주고 끼를 바꾸는 물물교환이라 보면 된다. 당시 그 지방 생활상의 특색이었다.

보리 석 되에 끼 한 사발을 준다. 이 사발은 간장 종지보다는 크고 옛날 밥공기보다는 적은 놋개우다. 이 끼를 팔러 오는 사람은 한 사람이 오는 게 아니고 부부가 한 조다. 끼젓 버지기를 인 여자는 앞에 걸어가면서 '끼젓 사이소' 하면서 먼저 가고 뒤에는 지게를 진 남자가 끼와 바꾼 보리를 짊어지고 따라다녔다. 지금은 개발로 사라진 상태다.

갈대밭에 사는 끼는 바다끼가 아니고 민물끼다. 그런데 대부분 바다끼라 생각한다. 끼가 사는 곳은 민물과 바닷물이 만나는 곳이다. 그믐이 되면 건장한 남정네들이 횃불을 들고 가슴까지 오는 장화를 신고 끼를 잡는 대장정에 나선다. 곡식 까불 때 쓰는 챙이를 들고 물이 허벅지까지 오는데 통발도 그물도 보리이끼도 없이 끼 담을 자루와 챙이와 부지깽이 하나만 있으면 끝이다. 갈대에 사는 끼는 민물끼라 바닷물에 잠기면 살지 못한다. 이 끼는 바닷물이 들어오는 것을 용하게 안다. 바닷물을 피하기 위해서 갈대줄기를 타고 올라가 바닷물이 빠져나갈 때까지 갈대 위에 매달려 있다. 횃불을 들고 들어가면 갈대에 끼가 오롱조롱 꽉

차게 달려있다. 그때 챙이 담당은 갈대 밑에 챙이를 대고 옆에 사람은 갈대를 흔들면 끼가 챙이에 떨어진다. 챙이를 든 사람은 재빨리 챙이를 흔들어 끼가 못 나가게 해서 자루에 담고 또 다른 사람은 갈대를 잡고 반복한다. 그중에 독한 놈은 안 죽으려고 집게발로 갈대를 꽉 잡고 있다. 그럴 때 부지깽이로 때려서 털어내고 잡아와서 끼젓도 담고 볶아 먹기도 한다.

끼젓은 끼 무게에 천일염 20%를 넣고 교반을 잘 해서 그늘에 둔다. 두 달 후 발효가 잘 되어 국물이 노리끼리하며 맛은 소태보다 짜고, 덜큰하고 고소한 끼장이 완성된다. 보리와 바꾼 끼젓은 꼬막단지에 담아서 살강 위에 올려놓고 식사 때마다 한 열 마리 정도 꺼내 밥상 위에 올린다. 일단 밥을 한 숟갈 입에 넣고 끼를 한 마리 잡고 보면 끼젓 국물이 손가락에 묻어 이것을 한번 빨면 입에 있는 밥은 뱃속으로 들어가고 다음에 한 숟가락 뜨고 집게 달린 달가지 하나 먹고 보면 끼가 워낙 소태라 그냥 밥이 없어진다.

또한 끼젓은 민간요법으로 완전 약이다. 햇보리로 한 밥을 먹으면 배가 아플 때가 많았다. 이때 끼젓 국물 한 숟가락이면 바로 낫는다. 끼젓에는 미네랄이 많이 들어있다. 육류, 곡류를 소화시킬 수 있는 효소가 풍부해 소화를 잘

시킨다. 또 유익한 미생물이 많아 변비에도 탁월한 효과가 있다. 아마 코로나19 예방에도 효과가 있을 것만 같다. 또 이 끼젓과 꿀과 감을 함께 먹으면 배합의 금기로 반드시 죽음이 뒤따른다고 한다. 그 당시 김 양식장 이웃의 할아버지가 들려준 말이다.

이 끼에는 돌게(바닷게)와 갈게(민물게)가 있다. 갈게와 돌게는 등껍질, 집게발, 모양과 색깔이 다르다. 그러나 나는 아직까지 잘 구별하지 못한다. 아버지가 김 양식을 그만두고 영도에서 보세창고업을 하셨기 때문에 그 뒤로는 이 끼젓 맛을 볼 수 없었다.

여름이 되면 빠지지 않고 상에 오르던 추억의 끼젓 맛이다. 찰기가 흐르는 흰 쌀밥에 끼젓 국물 한 숟갈 넣어 비벼 먹던 그 계절이 성큼 다가온다.

* 끼: 게
* 땡겨서: 당겨서
* 놋개우: 간장종지보다 크고 밥공기보다 작은 놋으로된 그릇
* 버지기: 옹기로 된 단지뚜껑과 비슷함
* 챙이: 키
* 달가지: 다리

냉이를 닮고 싶다

잔잔한 풀밭 위에 냉이꽃이 피었다. 강바람에 가는 허리를 흔들어댄다. 다른 꽃들처럼 예쁘거나 향기는 없지만 많은 영양분을 함유하고 있으니 즐겨 찾게 되고 차로 만들어 마시기도 한다.

삼월 중순이 되면 잎이 커지면서 줄기가 굵어진다. 나물로 먹을 수 있다. 봄 냉이다. 이때부터 꽃이 피고 지기를 되풀이하다가 사월에서 유월 초에 삼각형 모양의 열매를 맺고 사라진다. 온갖 풀이며 꽃이 지천으로 깔려 있을 때 흔적도 없이 사라졌다가, 서늘해지면 다시 싹을 틔워서 작은 몸짓으로 존재를 알리는 지혜로운 풀이다. 10월 중순부터 입동 때에 우리에게 나물로 선을 보인다. 가을 냉이다.

서리가 내리면 질겨서 맛이 없다. 이 가을 냉이가 혹독한 겨울 동안에는 자라기를 멈추고 땅바닥에 납작 엎드려 있다. 따뜻한 봄이 오면 다시 자라나서 나른한 몸을 깨우고 봄철 입맛을 돋우는 봄 냉이로 우리 곁에 다가온다.

옛날엔 국이나 나물로 무쳐먹었지만 지금은 튀김 샐러드로 변신하여 우리 식탁에 오른다. 보약이라 할 만큼 약성이 풍부하다. 냉이의 약효가 밝혀졌다. 산야초 중에 단백질 함량이 가장 많다. 비타민C, A, 칼슘, 칼륨, 철분, 인이 많이 들어있는 알칼리성 식품이다. 몸속 나트륨을 배출하는데 도움을 주며 춘곤증에도 좋단다. 피로회복, 시력 개선에도 도움이 된다. 해독, 지혈, 간장 질환에도 좋다고 한다.

된장을 풀고 끓인 냉잇국 냄새는 지나가는 사람의 발길을 잠시 멈추게 할 만큼 향긋하다. 봄을 불러들이는 우리나라 삼대 나물 중 하나가 아니던가. 겨울을 이겨내서인지 향이 진하다. 뿌리도 튼실하다. 봄 냉이를 좋아하는 이유다.

낙동강 하굿둑에 자전거 종주도로가 생겼다. 부산 양산 밀양 대구 구미 성주 안동댐까지 389km다. 그중 일부가 집 앞을 지나는 코스다. 쉼터도 만들어졌다. 국민의 건강한 삶을 위한 시설이다. 잘된 일이지만 둑 언덕배기에 잔잔하게 핀 냉이꽃을 볼 수가 없다. 작은 꽃대가 수없이 모여 알랑거리는 모습을 볼 수 없어 봄날엔 냉이를 찾아 나서곤 한다.

삼월 초순 언 땅이 조금씩 풀리기 시작하면 미리 약속을 정한다. 소감마을과 대감마을을 지나 지나마을까지 간다. 시골 생활을 하면서 알게 된 아우를 찾아간다. 냉이를 만나고 싶어서다. 그녀는 시골에서 태어나 육십 년을 살고 있다. 냉이가 많이 있는 곳을 잘 안다. 음식 솜씨며 마음씨 고운 아우다. 우리의 산야초로 효소 담는 솜씨는 알아준다. 수북이 말아 올린 국수에 삶은 정구지와 갖은 양념을 듬뿍 올리고 땡초를 살짝 썰어 넣고 약초 육수 물을 부어 사발 가득 내놓는 맛과 솜씨는 따라올 사람이 없다. 아무것도 가지고 오지 말라지만 호미만은 들고 간다.

호미질로 열심히 냉이를 뿌리째 걷어 담지만 수확은 절반이다. 아우는 애써 캔 냉이를 내게 다 부어준다. 도로 주고받고 실랑이 끝에 다 가지고 온다. 차로 만들어서 조금 달란다. 다른 잎차와는 달리 냉이차는 잎, 줄기, 뿌리까지 다 덖어서 만든다. 씻고 말리고 덖고 또 덖고 말리고, 차 만드는 과정도 만만찮다. 그래도 야생차 중 냉이는 봄과

가을에 두 번 차로 만들 수 있는 유일한 풀이다. 꽃이 피기 전에 캐야 하는 짧은 기간이 아쉽다. 그 아쉬움을 알고 해마다 아우는 잊지 않고 냉이를 캐서 준다. 그 덕에 집으로 찾아오는 지인들이 늘었다.

강 건너 지인은 해마다 때맞춰 찾아온다. 더러 기별도 한다. 녹차에서 보이차에 이르기까지 차를 사랑하는 차 마니아지만 유독 냉이차 만큼은 우리 집에 와서 마셔야 제맛이 난다나. 넓은 유리 창가에 마주앉는다. 창밖은 분홍 찔레와 등심붓꽃이 피어 손님을 반긴다. 아끼는 찻잔을 꺼내 뜨거운 물로 데운 후 다관에 냉이를 넣고 우려낸다. 따스한 눈빛으로 서로를 바라본다. 차로 소통하는 사이다. 향긋하고 달큼한 향을 맡는다. 차를 따르고 마시면서 우리는 지나온 세월의 흔적을 꺼내 놓는다.

봄은 벚꽃을 시샘하듯 비바람을 몰고 와 꽃잎을 떨어뜨리지만, 봄 햇살은 찬란한 새잎을 내밀게 하는 힘이 있다고. 우리 잘 살아왔노라고 서로를 바라보며 미소 짓는다. 냉이의 약성에 고마움을 느낀다. 몸속이 해독되어 환한 기분이 든다. 땅바닥에 엎드렸던 볼품없는 냉이가 약성의 기능까지 갖추고 온몸을 우리에게 바치는 귀한 풀이다.

냉이꽃이 흐드러지게 피었을 때 멀리서 보면 메밀꽃인

줄 착각들 한다. 하지만 그렇지 않다는 걸 잘 안다. 언덕에 낮게 깔려 있는 작은 꽃들이 바람에 나풀거린다. 숭고하다. 무릎을 꿇고 냉이를 쓰다듬는다. 나의 꽃 사랑 법이다. 어쩜 이리도 당찬지. 만만치가 않다. 원산지가 대한민국이라 이 역시 민족성인가. 밟히고 쓰러져도 삐죽이 엎드려 꽃을 피운다. 이런 냉이를 닮고 싶다. 냉이처럼 온 몸으로 사랑했던 적이 있었나. 냉이처럼 살지 못한 삶이 부끄럽다.

'당신께 나의 모든 것을 바칩니다.'

냉이의 꽃말이다.

세월이 가야 한다

사어천향나무에 철사걸이를 했다. 모양을 잡기 위해서다. 분재를 이해하지 못할 때는 나무를 혹사시킨다고 멀리했지만 최근 생각을 바꾸었다. 그동안 멀리했던 분재를 공부하기 시작했다.

분재란 생명의 예술이다. 생명이란 자란다는 것이고 자란다는 것은 변화다. 분재 전체가 창작이고 연출이다. 뿌리 노출 모습, 줄기 생김새, 기본가지 배열, 모아심기도 하나의 창작 행위다. 삼십오 년 전 남편이 서울 출장길에 멋진 매화분재 하나를 안고 들어왔다. 야생화만 키우던 내게 분재는 어렵고 고급스럽고, 불편한 취향이었다. '꽃을 키우려면 이 정도는 돼야지.' 하며 거금을 들여 의기양양하게 안겨 준 사람이다. 사각분에 매화가 몸을 에스자로 꼰 채 서 있다. 이 매력적인 몸매가 남편의 마음을 사로잡았나 싶다. 부지런히 물도 주며 관리했다.

팔십삼 킬로 건장하던 그가 쓰러졌다. 손쓸 여유도 없었다. 나무에 새잎이 나는 계절이 돌아와도 그는 돌아오지 않았다. 그 사람이 안겨준 매화나무도 싹이 나지 않고 그대로 생을 거뒀다. 그 뒤로 분재는 내게서 멀어졌다. 많은 세월이 흘렀다. 꽃으로 위안을 삼고 키우면서도 분재에는 눈도 돌리지 않았다. 겨울이면 꽃이 없어 허전했다. 야생화는 겨울이 되면 땅속으로 몸을 감추고 지상 부는 아무것도 보이지 않는다. 꽃이 없는 겨울, 다른 이는 그 자리 메운다고 다육이를 키우지만 나는 분재를 택했다. 그러나 매화분재는 키우지 않는다. 사철 푸른 송백 류만 고집했다. 겨울에도 잎을 볼 수 있어서 좋았다. 요즘은 잡목 류도 손대기 시작했다.

오래전 잊힌 것을 다시 바라보아야 했다. 사람이 가면 평소 그가 아끼던 식물이 같이 간다는 말이 무서웠다. 애정은 주지 않아도 물은 잘 준 것 같았는데 새삼 미안한 마음이다. 사람도 잡지 못했고 그가 남긴 매화분재도 잡지 못했다. 그 안타까움을 분재 키우기에 힘쓰고 싶었다.

쉽게 생각하고 확실한 판단이 서지 않은 채 애기감나무에 가위를 들이댔다. 얇은 생각대로, 과오는 불 보듯 뻔했다. 새 가지를 받아 키우는 데도 상당한 시간이 걸렸다. 조급한 마음을 버리고 나무에도 뻗어나갈 제 길을 맡기고 기다려주는 배려가 필요했다. 찬찬히 관조하는 자세가 필요했다.

분에 심겼다고 분재인가 하면 그렇지 않다. 분에 심었으되 철사걸이, 가지자르기(전정), 분 생활 적응 등 일정기간 관리된 나무라야 분재라 할 수 있다. 더 나아가 일정기간 관리되었다 해도 아직은 소재일 뿐 참다운 분재가 아니다. 진짜 분재가 되기 위해서는 분재미라는 또 다른 조건을 충족 시켜야 한다. 갈수록 어렵고 끝이 없다. 아직 잘 모르다 보니 단지 꽃이 좋아서, 나무가 좋아서, 만 원 안팎의 저렴한 묘목이나 비싸야 십만 원 정도의 소재로 기분 좋게 산 나무들이 많다. 들뜬 호기심에 시작했지만 갈수록 분재 키우기가 짐이 된다.

세월이 가면 노수거목이 되어 나를 기쁘게 해 주는 줄 알았다. 빼어난 모습을 갖춘 노 수목은 늘 분재의 지향이며 표상이었다. 어떤 아름다움으로 사람을 감동시키는지 알아야 했다. 노수의 매력으로 단연 늙어 보임(고태감)이

으뜸인 반면, 거목의 매력은 크기에 있다. 굵음이나 높음, 넓게 펼쳐진 가지에서 찾는다. 한 나무가 분재가 되기 위해서는 끊임없는 보살핌과 적절한 거름 조절, 분갈이, 가지치기, 순 받기, 철사걸이를 잘 해야 한다. 또한 외곡을 갖추고 있으면서 내곡도 갖추고 있어야 수백 년 된 노목 같은 나무 모습을 보인다. 갈수록 태산이다. 마음만 급해진다.

분재를 키우면서 자신을 돌아보게 된다. 나무를 쳐다보면서 나는 잘살고 있는가, 되묻기도 한다. 잘 생긴 노수거목처럼 멋지게 늙고 싶은데 그 또한 분재 키우기만큼이나 어렵다. 가까이 가야 나무의 이야기를 들을 수 있고 꽃의 표정을 볼 수 있다. 사람도 가까이 다가가야 그의 삶을 이해하고 마음을 알게 된다. 한걸음은 사랑으로, 한걸음은 지혜로 또 한걸음은 신뢰로 다가가야 한다. 가까이 가지 않고서는 알 수 없는 일이다.

잘 생긴 가지다 싶어 살을 찌우고 관리하다 보니 엉뚱하게도 나무 전체와 어울리지 않는다. 가지는 줄기보다 가늘어야 나무의 아름다움이 돋보이게 된다는 것을 알면서도 욕심을 부린 게 잘못이었다. 사람의 삶도 나무의 삶도 욕심은 금물이다. 애써 키운 가지를 잘라야 한다. 상처도 만만찮다. 사람도 한평생 순탄하게 살기보다는 실패와 아픔이 있고 이를 극복함이 있을 때 더욱 멋있는 인생이 되지 않으랴. 이와 마찬가지로 나무도 내곡이 있어야 멋있어 보인다. 뿌리 노출 모습, 줄기 생김새, 기본 가지 배열, 나무 골격, 수형을 만들어 보는 즐거움도 크다. 여기에 사계절을 보내면서 중간 가지, 잔가지를 배열하고 잔가지를 키워 가면서 누리는 만족감은 그 무엇과도 바꿀 수 없다.

꽃과 분재를 키우고 가꾸는 장점이라면 나무의 삶에 개입함으로써 이루어지는 생활 속 더 나은 행복 찾기라는 점이다. 작은 화분에 식물을 가꾸어 대자연의 큰 나무나 풍경을 만들고 감상한다는 점이다. 그 형태나 색깔에 따라 계절감을 느끼게 하고, 우거진 숲이나 높은 산 절벽을 떠올리게 하는 풍류의 멋도 있다. 분재는 햇빛이 잘 닿고 바람이 잘 통하는 장소에 놓아 물주기와 거름 병충해에 대한 구제작업도 해야 한다. 분재를 통하여 사랑과 겸손의 미덕을 배운다. 풍요와 넉넉함을 배운다. 조급한 마음은 금물이다. 기다려야 한다. 세월이 가야 한다.

풍지초

불을 사른다. 그의 몸에 성냥을 그었다. 타닥 타다닥 짧은 소리를 내며 불길이 휘몰아치더니 순식간에 사그라진다. 아랫배에 힘을 주고 날숨으로 불을 껐다. 마지막 촉을 남겨둔 채 지난 일 년의 추억을 미련 없이 날려 보냄도 그의 성향이지 싶다. 매년 한 번씩 치르는 풀과의 의식이다. 풍지초, 사초, 홍띠, 갈대 같은 띠 종류는 곰팡이균이 번식하지 못하도록 태운다.

삼십오 년 전, 우리의 들꽃만을 고집하며 키우던 시절이었다. 띠 종류인 낯선 풀과의 첫 만남은 예사롭지가 않았다. 신선했다. 낚아채듯이 구입해서 키웠다. 초화류만 있던 앞뜰에 홍띠와 풍지초가 들어오니 마당의 품격이 달라졌다. 초화류에 비해 띠 종류인 풍지초는 꽃도 씨앗도 예쁘지 않지만 중후한 멋스러움이 있다.

초화류가 여성적이라면 띠 종류는 남성적인 면이 있다. 풍지초는 봄에 새로 나오는 새싹은 부드러우면서도 힘차다. 촉을 내밀 때 붓끝처럼 뾰족한 붉은색이다. 여리지 않고 독립적이며 개성있는 푸른 잎새에 한줄 흰빛을 그으며 솟아난다. 댓잎보다 가는 잎이 펴지면서 푸른색으로 변한다. 줄기는 분수의 물이 흐르듯 유연한 곡선을 그린다. 바람이 불어오면 잎이 살랑대는 소리를 들을 수 있다고 붙여진 이름이다. 유연한 곡선의 줄기 위로 바람이 미끄럼을 타면 잎이 출렁인다.

앞마당에 복수초와 수선화가 피고 지고, 으름덩굴의 암꽃과 수꽃이 어울렁더울렁 한창 멋을 더할 때 풍지초 촉이 눈에 보이기 시작한다. 산당화가 흐드러지게 필 때 띠 종류는 조금 키를 키운다. 청년기, 장년기를 거치면서도 흐트러짐이 없다. 몸속에 간직한 보석 같은 이삭을 몸 밖으로 내민다. 그때서야 그의 매력이 보이기 시작한다. 어느 날부터 꽃과 나무에 사람의 이름을 붙이기 시작했다. 그러자 의미가 더해졌다. 꽃은 화답이라도 하듯 그 사람을 닮아갔다.

모든 꽃과 나무는 키우는 사람에 따라 다르게 표현된다. 풍지초만은 잘 구워진 도자기 화분에서 키운다. 풍지초는 잎새가 휘어 바람 따라 움직이는 모습이 멋스러워 야생화 애호가들이 옆에 두고 귀히 여긴다. 한창 푸른 잎을 자랑할 때는 젊음의 기백이 넘쳐난다. 가을 햇살을 받으며 가지마다 이삭을 달고 태양 아래 화사하게 익어 황갈색 잎에 자색빛 긴 이삭이 출렁일 때는 몽환적이다. 풍요로운 중년으로 손색이 없다. 중후한 남자를 떠올리게 한다. 화려한 단풍보다 더 은근하다. 생김새와 색감이 눈을 사로잡기에 손색이 없다.

싱싱한 생명력을 자랑하던 푸른 잎과 이삭을 날려 보낸 잎이 수분도 없이 말라간다. 생을 다함에도 윤기 없는 마른 몸을 붙들고 있다. 바삭 말랐다. 만지면 바스락 소리가 날 것 같다. 분명 한 해를 마무리했는데도 자세만은 흐트러지지 않는다. 바람에 따라 출렁거릴 뿐이다. 빈 죽지에 서리가 와서 덮어도 몸을 가볍게 흔들 뿐이지 꺾이지 않는다. 봄을 위한 순을 대궁 속에 감추고 빈 날갯짓으로 겨울을 보낸다. 그리고 눕지 않는다. 부드러우면서도 강인한 모습마저도 아름답다. 열 식구가 넘는 대가족을 부양하면서 피곤함도 감추고 아픔도 숨기고 굳건히 자리를 지키신 아버지 같은 풍지초….

마른 잎 대궁 속에는 지난 한 해의 수많은 사연들이 숨어 있다. 그 많은 사연들을 뿌리 깊숙이 넣어 숙성시켜서 더 깊은 사랑을 만들어 낼 힘을 기르는 풍지초는 발밑이 스멀거려도 꼼짝 않는다. 새순이 자랄 때까지 보호막으로 있다가 마지막으로 새순의 영양분으로 자신의 몸을 내어준다. 마치 강물을 거슬러 올라가 가장 좋은 장소에서 알을 낳고 부화한 새끼들에게 자신의 몸을 보시하는 연어들 같다. 여린 듯 강인한 모습의 풍지초, 화사하게 시들어가는 모습에서 시듦의 아름다움을 본다.

고광나무는 늦봄에 꽃피는 나무다. 여름에 가지치기했더니 나무에서 새순이 길게 나왔다. 그 새순에서 하얀 꽃이 피었다. 곧 겨울인데 꽃이 피면 어떻게 하나 걱정했다. 하얀 꽃은 앞마당 화분에 있는 풍지초를 비춘다. 하얀 꽃에서는 신한 향기가 풍긴다. 하얀 꽃등이 되어 시들어가는 풍지초를 온몸으로 밝혀 준다. 고독할 '고'에 빛 '광'이 들어가는 고광나무. 고독해서 외로울 '고'를 끌어안고도 빛을 내다니 인간이 어찌 나무의 고독을 알 수 있으랴.

이 야밤 고요한 중에 이변이 일어나고 있었다. 때마침 나와 보지 않았다면, 어떻게 이 기막힌 풍경을 볼 수 있었을까.

스스로 사랑을 품을 줄 아는 풍지초는 홀로 피어 있어도 충분히 멋스럽고 우아하다. 풍지초가 마지막 힘을 다해 벗을 맞이한다.

열사흘 둥근달이 나를 내려다본다. 앞마당은 나를 품고 한 폭의 그림으로 남아있다.

진례 도자기전

마지막날이라 복잡했다. 김해 진례 분청도자기전이 오늘이 마지막이라고 한다. 핸드폰으로 서로가 있는 위치를 확인하며 겨우 딸 가족을 만났다. 손녀들은 도자기 체험 공간에서 접시와 컵을 만들어 보고, 도자기박물관 구경도 끝난 상태였다. 아이들과 늦은 점심을 먹고 헤어졌다.

꼭 사고 싶은 것이 있으면 사라며 딸이 준 돈과 내 얄팍한 지갑 사정과 전시장의 찻잔을 머릿속으로 계산하며 공방을 기웃거린다. 딸은 사고 싶은 걸 사라고 돈을 주지만 나는 내 엄마에게 그러지 못했다. 이런 것들이 마음에 걸리다 못해 가슴 한쪽이 찡하다. 엄마의 고향은 이곳 진례면 담안리다. 내 유전자 속 정서에는 진례의 흙 정기가 녹아 있다. 어릴 때부터 드나들었던 외가에는 크고 반듯한 장독대가 있었다. 막사발도 여럿 있었다. 그런 정감이 서린 정서를 잊지 못한다. 엄마의 이름인 줄 알았던 담안댁이 먼 훗날 또 다른 이름인 택호인 것을 알았다.

한때는 이름 있는 도공이 빚은 다기만 찾았다. 차 맛이 다르다며 장인이 만든 찻잔만 고집했다. 찻잔 굽에 찍은 낙관을 보며 아버지와 아들의 작품을 구별해서 거금을 들여 구입했던 젊은 시절, 그 다기들은 장에 고이 모셔져 있다. 어쩌다 한 번씩 지인이 오면 사용하고 도로 장에 넣어둔다. 거금을 들였어도 장식용이다. 차 맛은 그릇에도 있겠지만 무엇보다 좋은 물에 있다.

집에 오십 개도 넘는 찻잔이 있건만 도자기만 보면 지름신이 발동해 또 사고 만다. 이 또한 병이 아니랴. 찻잔 수집은 내 유일한 사치다. 종류도 모양도 색깔도 다양하다. 행사장엔 공방마다 조금씩 달라 취향대로 골라서 살 수 있어 걸음을 서둔다. 굽이 높은 찻잔을 만지며 살피고 있는데 주인이 안으로 들어오란다. 반가운 마음에 시음을 청했다. 귀한 가루차(말차) 한잔을 대접 받았다. 행복했다. 반나절을 이곳에 머무는 동안 눈에 띄는 가게마다 들어가 한

잔의 녹차로 달콤한 즐거움을 누렸다.

주인이 내가 입은 옷과 비슷한 개량복을 입고 앉아있는 공방에 들렀다. 차를 나누면서 그릇 모양보다 부인의 슬픈 얘기에 마음이 시려왔다. 그 남편이 그릇을 빚으면 부인은 그림을 그려 넣었다고 한다. 그 세월이 이십 년이 넘었단다. 한데 전시장에 참석도 못하고 남편이 세상을 떠났다고 한다. 남편이 만든 작품을 파는 것이 안타깝지만 어쩔 수 없이 가지고 나왔다며 담담하게 심정을 드러낸다.

남편을 먼저 보낸 인생선배로서 내가 할 수 있는 위로의 말도 있겠지만, 우선 부인의 손을 조용히 감싸주었다. 순간 부인의 눈에서 그리움의 눈물이 살짝 비친다. 얼른 내 황토 손수건으로 이슬을 받아냈다. 처음 만남이지만 이모처럼 느껴져서 넋두리를 늘어놓았다며 미안해한다. 내 옷이 나와 잘 어울린다며 칭찬에도 익숙하다. 예쁜 말로 쑥스러움을 내신할 줄 아는 여인이다.

녹차에 곶감을 내놓는다. 또 다른 배려에 정이 간다. 찻잔을 빚는 여인이니 차에 따라 잔이 바뀐다. 난 이런 매너를 좋아한다. 그는 내게 물건은 사지 않아도 된다며 말린다. 그 남편의 작품인 진사 달항아리를 가슴에 안고 그곳을 나온다.

아이 손잡고 마음에 드는 도자기를 들고 예쁘다고 머리를 맞대고 소곤거리는 젊은 부부의 모습은 아름답다. 그 남편이 도자기를 사라고 돈까지 건네주어 만족스런 즐거움까지 안고 간다. 중년 부부들은 부인이 사고 싶어 만지면 슬그머니 자리를 뜬다. 멀찌감치 서서 부른다. 사지 말라고 몸짓으로 신호를 보낸다. 부인은 다음에 오겠다며 자리를 뜬다.

마지막날이니 좀 싸게 사려고 늦게까지 사람들이 서성인다. 그 속에서 나도 출렁이며 다닌다. 사지 말라고 눈짓 손짓하는 반쪽이 옆에 없으니 오롯이 선택의 자유를 맛본다. 평소 갖고 싶었던 형태의 찻잔을 여럿 구입했다. 만족스러움으로 충만하다.

젊은 날에 호기를 부리지 않았다면 오늘 이 몇만 원의 행복한 기분을 느낄 수 있었겠나 싶다. 생활 도자기는 어쩌다 깨트리면 또 새 맛으로 사서 예쁘게 담아 먹는 것도 지루한 일상에 기분전환이 된다.

이집 저집에서 구입한 여러 종류의 행복을 앞좌석과 뒷좌석에 얌전히 놓고 시동을 걸 때다. 나와 비슷한 연배의 남자가 구포로 가는 길을 묻는다. 강서구청까지 가니 나를 따라올 수 있겠냐고 물으니 따라갈 수 있다고 한다. 그는 구 도로로 가 달라고 부탁한다. 왜 구 도로로 가 달라고 하는지 궁금하게 여기면서도 차는 움직이고 있었다.

바쁜 마음으로 급히 달려오느라 잘 보지 못한 농촌 풍경이 눈에 들어온다. 잘 익은 몸을 비스듬히 누이고 있는 벼들판은 바라만 봐도 행복하다. 담장 위로 올라온 감도 붉은 얼굴을 하고 있다. 모든 게 익어가는 풍성한 가을에 전시회를 하니 지갑을 열지 않을 수 없었다.

가는 길이 막힌다. 천천히 가면서 백미러로 보니 남자의 자동차가 잘 따라 오고 있다. 다른 차가 끼어들지 못하도록 최대한 보조를 맞추며 한참을 달렸다. 직진은 한림으로 가는 길, 우측은 서 김해로 가는 이정표가 보인다. 순간 뒤따라오는 사람은 잊어버리고 급히 핸들을 우측으로 돌렸다. 조금 달리다 아차 싶어 뒤를 살피니 그는 이미 시야에서 사라지고 없다. 직진인 한림으로 가야 하는데 평소 습관대로 고속도로 쪽으로 와버렸다. 나를 따라오던 그 남자는 잘 갔을까.

사 온 다기들을 맑은 물에 끓여내고 진열장 위치를 바꿔 가며 넣었다. 찻물이 끓고 있다. 연녹색의 햇뽕차를 굽이 높은 백자 잔에 따른다. 향기와 맛이 기가 막힌다. 고향의 숭늉처럼 구수하고 은근하다. 일인 일 다의 멋을 부려본다. 난데없이, 길을 묻고 따라오던 그 남자 모습이 찻물 위로 얼핏 스친다. 보일 듯 말 듯 입가에 미소가 번진다.

정원 만들기

정원은 연못 감상이 가장 큰 목적이다. 연못은 정원의 대표적인 풍경이기도 하다. 옛날에는 꽃밭이란 말이 정원을 대신했다. 시골집이지만 나도 멋진 정원을 만들고 싶었다. 그동안 취미생활로 모아 둔 크고 작은 수석과 야생화가 있으니 나름대로 조경은 자신이 있다. 대문에서 현관까지 디딤돌도 완성했다. 나머지 땅을 정원으로 꾸밀 생각이다.

꽃밭을 만드시던 아버지 모습이 떠오른다. 마당 한쪽에 막대기 꽂아놓고 실을 묶어 대못을 실 끝에 달고 한 바퀴 쓰윽 돌리면 큰 동그라미가 그려졌다. 실을 짧게도 길게도 하시면서 더러는 대문에서 쳐다보고, 현관 앞에서도 바라보며 위치와 크기가 마음에 들 때까지 선을 긋고 발로 지워가며 둥근 꽃밭의 기초 작업을 하셨다. 철없는 우리 형제들은 아버지가 저렇게 하시는구나 하고 쳐다만 봤지 돌 하나라도 들어서 갖다놓지 않았다. 놀다 들어오니 담 쌓듯이 촘촘히 돌을 박아 놓고 흙을 갖다 붓고 계셨다.

나도 그 옛날 아버지처럼 집밖에서 마당을 살펴보고, 마당에 들어서면서도 구상을 해본다. 오랜 세월이 묻은 돌담이 옆집과의 경계선이다. 돌담을 살리면서 연못을 만들기로 하고 땅을 팠다. 긴 타원형으로 선을 그었다. 이곳 생활을 시작하면서 장만한 삽과 곡괭이, 장도리와 호미가 동원됐다. 한 발에 힘을 모으고 삽 위에 올라서면 쉽게 땅이 파인다. 큰 돌이 나오면 곡괭이로 걷어 내고 작은 돌은 손이니 호미로 주워 올렸다.

중간 중간 물을 마셔도 갈증이 났다. 일꾼들이 새참 시간에 탁주를 마시던 게 생각났다. 집에서 농협까지는 십리 길이다. 차를 몰고 탁주 두 병을 사왔다. 한 컵을 마시고 또 한 컵을 마셨다. 갈증도 사라지고 힘이 생긴다. 일은 빠른 속도로 진행된다. 탁주의 힘이 컸다. 제법 큰 웅덩이가 되었다 싶어 내려가 보니 겨우 무릎 높이다. 사람을 부르면 인건비와 재료비가 만만찮게 나온다. 이걸 아끼려고 작업을 시작했는데 다리가 떨리고 힘이 든다. 도저히 혼자 힘으론 불가한 일이다. 쉬자고 허리를 편다.

위채 수리하면서 나온 욕조 통을 버리는데도 돈이 들어 마당 구석에 세워둔 게 눈에 들어온다. 욕조 통에 맞추기로 했다. 파놓은 곳에 욕조 통을 미끄러뜨려 넣었다. 황토 흙을 넣고 귀한 가시연을 옮겼다. 흰 통이 보이지 않게 빙 둘러 사철 푸른 석창포를 심었다. 욕조를 품은 연못이 탄생했다. 내년에는 잎이 보기 좋게 피겠지. 꽃도 여러 송이 볼 수 있을 테지. 노랑어리연이 있는 플라스틱 물통은 소나무 밑에다 묻었다. 하얀 수련이 있는 물통은 현관 옆으로 묻었다. 플라스틱 연못도 탄생했다. 부풀어 올랐던 잉어가 노니는 멋진 연못은 아니지만 작은 연못 세 개가 만들어졌다. 여기저기 둘러보는 기쁨이 생겼다고 일한 나를 위로해 본다.

이제는 석가산을 만들 차례다. 석가산은 인공으로 조성해 놓은 조그만 돌산이다. 서양의 정원에는 없는, 동양의 전통 조경에서는 중요한 포인트가 되는 것이 석가산이다. 사람들은 몸은 세간에 있어도 마음은 산을 그리워한다. 먹고살기 바빠 산에 갈 수 없으니 집안에 산을 옮겨 놓은 격이다. 정원에 있는 석가산을 보면서 등산 욕구나 입산수도의 욕구를 대리 충족했다고 한다. 옛 선비들 마음이 그랬듯 요즘 사람들 본성도 같다고 본다.

내 석가산은 현관 입구 오른쪽으로 자리를 정했다. 받침대를 하지 않는 수석을 모았다. 마당 군데군데 세워 둔 큰 돌을 수없이 눕혔다 세우기를 반복한 끝에 석가산에는 못 미치지만 그럴듯한 작은 돌산을 완성했다. 제주도 돌에 붙인 누운 향나무를 큰 돌 위에 올려놓았다. 거실에 앉아 밖을 내려다보면 작고 예쁜 금강산 구름 위에 떠 있는 기분을 연상하게 한다. 옛 선비들처럼 잠시 신선이 되어 본다.

연못과 더불어 정원을 이루는 구성원은 전부 폐품으로 재탄생되었다. 금이 가서 쓸모없다고 버린 옹기 단지들은 화분 받침대로 야생화를 받들고 있다. 힘들었던 여름은 지니고 지금은 구절초가 한껏 멋을 내고 있다. 분홍구절초는 내가 아끼는 야생초다. 울진 바닷가에서 시집온 해국이 옹기 사이를 비십고 일굴을 내민다. 힘을 잃은 작약 잎 사이로 여뀌 무리가 생기를 불어 넣는다. 붉은 꽃 둥근꿩의비름도 빛을 낸다. 분홍색의 작은 꽃이 뭉쳐서 핀 한라부추는 화려해서 아끼며 보살핀다. 일렬로 선 나도사프란은 입구에서 안내자 역할을 한다. 남아메리카가 고향인 귀화식물이다. 부인병 치료에 빠지지 않는 쓰디쓴 익모초가 층층으로 꽃을 피웠다. 맑은 하늘에 가을이 익어간다.

소박한 인정이 있고 많은 꿈을 안겨주는 곳, 아직도 아쉬운 곳이 많지만 한없이 행복해지는 이곳이다. 오롯이 나의 힘과 신선한 아이디어가 이루어 낸 나만의 왕국이다. 혼자 만들고 혼자 다스리는 소왕국의 여왕마마가 되어 정원을 거닌다.

길을 묻다

한 번 더 묻고 싶었다. 삶의 희망은 반반이란다. 며칠을 두고 차편과 경비를 계산해서 넣어둔 가방을 들었다. 수술 후 몸조리를 하기 위해 큰딸 집에서 보내고 있었다. 어딜 간다고 하면 가지 말라고 할 것 같아 속내를 들키지 않으려고 꼭 만날 사람이 있어 잠시 다녀오겠다며 큰딸 집을 나왔다.

털보사와 마스크로 무장했지만 이월 냉바람은 눈에서 가슴으로 파고든다. 내가 누구에게 어떻게 따져 본단 말인가. 이유 같지도 않은 사연을 안고 불현듯 만나고 싶고, 가보고 싶고, 걸어보고 싶은 그 길을 찾아가고 있다. 약봉지와 물병을 들고 스님이 걸으셨던 무소유 길을 걷는다. 중

생구제를 위해 바삐 다녔을 스님의 두 발처럼 오늘 따로 걷는다. 예리한 산바람이 귓전을 스친다.

쓸쓸한 건 싫다. 내 안에서 떨고 있는 또 다른 나를 다독이며 가랑잎이 잘게 부서진 오솔길을 걷는다. 법정스님의 성정이 서릿발처럼 엄해서 생전 같으면 감히 만나볼 엄두도 내지 못했다. 왜 왔느냐고, 돌아가서 지나온 삶을 찬찬히 되돌아보라고 하실 것만 같다. 무슨 생각을 하고 어떤 마음으로 이 길을 걸으셨을까. 큰마음과 깊은 뜻을 만분의 일이라도 알길 없지만 동변상련이랄까. 암으로 투병 중이실 때 외롭고 쓸쓸한 이 길을 수없이 걸었을 스님의 발걸음 소리가 들리는 듯하다.

발길이 오른쪽으로 향한다. 송광사 법당 앞이다. 법당 문이 열리지 않는다. 장갑 낀 손이 얼어 둔하다. 빡빡한 문고리를 흔들고 당긴 끝에야 안으로 들어간다. 이월의 매서운 날씨에도 몇몇 불자가 기도 중이다. 촛불도 향도 사르지 않았다. 삼배만 하고 조용히 앉았다. 무엇을 어떻게 빌고 기도해야 하는가. 아무것도 생각나지 않고 머릿속은 텅 비어 있다. 막막함이 법당 안을 채울 때 귀가 먹먹해지더니 코끝이 찡하면서 더운 눈물이 볼을 타고 가슴으로 흘러내린다. 영가전의 등이 나를 포근히 안아준다. 더 서러워진다. 손수건도 꺼내지 않았다.

희미한 법당 안에 아련한 얼굴 하나가 나를 물끄러미 쳐다본다. '당신 나를 이렇게 내버려둘 수 있어?' 내 안에 숨어 있던 한이 터져 나온다. 이 말 속에 믿음과 기대감이 깔려 있다. 꿈속에서도 보이지 않으면서 대책 없이 떠났다 홀연히 나타난 사람에게 나도 몰래 볼멘소리가 나온다. 기도 중에 잠깐 스치고 사라진 영혼과의 짧은 만남이다. 너한테는 못가겠다고, 딸만 나오니 천상 밖에 가서 아들 하나 낳아 와야겠다고 내 속을 뒤집어 놓던 사람. 그 사람이 잠깐 내 눈에 보였다 사라진다.

부처님께 매달리고 싶었고, 미궁 속에 빠진 앞날에 튼실한 동아줄 하나 얻고 싶어서 법당을 떠나지 못하고 있다. 그 사람을 보낸 지 삼십 년, 그 세월 동안 내 몸을 소진하고 말았다. 살아가기 위한 방편이라지만 원인 없는 결과가 없듯이 내 몸 다스리지 못한 죗값을 치르는 중이다. 불덩이 같은 아픔 때문에 아무것도 챙기지 못하고 몸만 자식들 품에 안겨 집을 나왔다. 십 년을 가까이서 보살핀 꽃과 나무들에 눈길 한번 주지 못하고 나온 것이 못내 아쉽다. 선들바람이 불 때면 청아한 음률로 귀를 즐겁게 해주던 풍경도 그립다. 긴 낮과 밤을 나와 같이 보낸 장독대며, 빨랫줄을 받쳐주던 대나무 바지랑대도 걱정이 된다. 함께 지낸 세월 만큼 정든 것들이다.

어렵고 답답할 때 법당 안에 앉아 길을 묻고 답을 찾는다. 너무 오랜 세월 찾지 못했다. 몸에 이상이 생겨 수술한 후 염치없이 달려와 무릎 꿇고 앉았다. 스님의 가르침이 명쾌하셨기에, 몸은 법당 안에 머물고 귀는 법문에 맡기고 빈 몸만 한참을 앉아 있다. 풀로 다림질된 빳빳한 행전을 걸치시고 바쁜 걸음으로 '날마다 새롭게 시작하라, 묵은 수렁에서 거듭거듭 털고 일어서라.'라시던 스님 말씀이 가슴을 파고든다. 내가 겪은 온갖 고통과 이 고통을 이겨내기 위한 의지력을 배워간다. 내 삶을 새롭게 시작해 보려고 한다. 법당 문을 나선다.

사십 년 전의 일이다. 스님들이 공부하는 승방 문고리만 잡아도 한 가지 죄가 소멸되고 한 가지 소원이 이루어진다는 설이 있는 그 승방을 증축할 때다. 큰절 입구에 쌓인 기왓장을 암자까지 갖다놓아야 했다. 빈 몸으로 가지 않고 하나씩이라도 머리에 이고 갈 때 나는 아들 하나 점지해 주십사 하고 석 장을 머리에 이고 5분이 걸리는 바위 위의 암자까지 땀을 흘리면서 몇 번이고 날랐다. 아무도 몰래 승방 문고리도 살짝 잡아보고 내려오며 간절히 빌었다. 그 덕에 잘 생긴 떡뚜꺼비 같은 아들 하나 얻었다. 내 생에 제일 잘한 일이 되었다.

올라갈 때의 냉바람은 간곳없고 내려오는 길이 따뜻하다. 법당에서 밤을 새운 몸은 이미 병마를 이겼다. 법당 안에서 묻고 답을 받고 마음 편히 집으로 내려간다. 눈이 아프도록 시린 이 인생길을 아름답게 가꾸어야겠다.

그 얼굴이 보고 싶어라

참 난감하다. 학교를 떠난 지 반세기가 지났는데 오늘 선생님이 숙제를 내어준다. 도서관에서 글쓰기공부를 시작한 지 이년 만이다. 화요일까지 이메일로 보내란다. 오늘이 목요일이니 딱 오일 남았다. 제목도 정해준다.

추억의 노래라…. 젊은이들이 어른들의 노래라고 외면했던 그 추억의 노래 아닌가. 지금은 방송을 통해 트로트맨들이 불러 익숙한 그 추억의 노래를, 아니 노래에 사연을 담으라는 말인가? 아니다. 그 노래에 사연이 깃든 추억의 노래일 것이다. 한참을 고민했다.

외삼촌이 전포동에 □□중고등학교 재단 이사장이셨

다. 그 외삼촌이 학교 개교기념일 교직원 회식 자리에 여동생인 우리 어머니를 초대했다. 그것이 50년 전의 일이다. 그 당시로서는 굉장한 자리였는데 어머니는 한복을 입었다. 엄중한 외삼촌은 지프차에 타면 차가 기울 정도로 거구셨다.

이사장 인사말이 끝난 후 사회자가 이사장에게 노래 한 곡을 부탁했다. 삼촌이 마이크를 잡으니 순식간에 분위기가 엄숙해졌다. 뜻 깊은 자리에 마음껏 드시고 즐겁게 보내라는 말씀만 한마디 하고 노래는 사양하였다. 그리고는 내 여동생이 대신 노래 한 곡 할 거라며 어머니를 지목했다. 지목을 받은 어머니 얼굴이 순간 붉어졌다. 부모처럼 어려워하는 오빠가 노래를 하라고 하니 부끄럽고 민망해서 고개를 못 들고 있었다. 그때 아버지가 어머니를 일으켜 세우셨고 두 분이 합창을 하셨다.

문밖에서 처음으로 부모님의 노래를 들었다. 그 모습과 음성이 살아가는 동안 종종 떠올랐다. '어머님의 손을 놓고 돌아설 때면 부엉새도 울었다오, 나도 울었소.' 이 노래 한 구절이면 불효자도 면제가 되던, 너도 울고 나도 울던 순박한 시절이었다. 그런데 어머니 아버지는 다른 노래를 부르셨다. 나는 그 노래를 잘 알지는 못했다. 생소함마저 느껴졌다. 알 수 없는 애잔함이 깔렸지만 어른들은 저런 노래를 부르는구나 싶었다.

내 남편인 맏사위를 잃고 안방 문을 걸어 잠그고 아버지는 큰 울음을 내셨다고 한다. 사위가 없으니 딸이 어떻게 살아갈까 싶어 애간장이 탔을 아버지.

"내가 무슨 염치로 살겠노, 희야가 서방이 없는데 어찌 살겠노. 앞으로 이 일을 어찌 해야 하노. 왜 이리 부끄럽노, 내사 내일부터 밖에 못 나가겠다."라고 하시면서 몇 날 며칠을 술로 아픈 마음을 달래셨다고 한다.

"다시 한 번 그 얼굴이 보고 싶어라~ 몸부림치며 울며 떠난 사람아."

그 노래가사를 글처럼 읽어가며 구슬프게 읊조리셨다고 했다. 그 시절 남들은 잘 가지도 않는 대학도 보내고 잘 사는 것을 자랑으로 여겼는데, 우리 희야가 왜 그리 되었냐며 노래 반 울음 반으로 불렀다는 노래다.

나도 살기가 바빴다. 주렁주렁 자식 네 명을 데리고 부모 얼굴을 본다는 게 미안하고 부끄러웠다. 친정에도 가지 않고 보낸 젊은 시절이었다.

그런저런 세월이 흘러 나이 칠십이 넘어서 며느리를 보

게 되었다. 서울에서 식을 치르고 내려오는 차 안에서 혼주라고 노래를 한 곡 하라고 한다. 남편 집안사람들도 노래는 잘 하지 않는데 오늘 같이 좋은 날은 한 곡 부르라며 부추겼다.

"다시 한 번 그 얼굴이 보고 싶어라~~ 몸부림치며 울며 떠난 사람아~"

평소에 부르지도 않던 아버지의 노래를 의미를 더해가며 1, 2절을 완창했다. 종이컵으로 소주 한 잔을 다 마신 덕에 내 설움도 섞어 오랜만에 남편을 한껏 그리며 불렀다. 노래에 취해 버스 안이 조용해진 것도 몰랐다. 반 울음 섞인 노래가 취중 진가로 통했나 보았다. 시누이들은 그동안 애썼다며 내 손을 따뜻하게 잡아 주었다. 평소에 느끼지 못했던 핏줄을 새로 이은 계기가 되었다.

그 옛날 아버지는 혼자인 딸의 앞날을 생각해서 애틋하게 부르셨지만, 나는 먼저 간 남편을 그리며 불렀다는 게 부모와 자식의 다른 모습이다. 그때의 아버지보다 더 나이 들어 버린 딸이 아버지를 그리워한다.

이른 봄날 늦은 밤공기를 마시며 가슴으로 노래를 부른다.

"다시 한 번 그 얼굴이 보고 싶어라~~ 몸부림치며 울며 떠난 사람아~~ 저 달이 밝혀주는 이 창가에서~~ 이 밤도 너를 찾는~ 이 밤도 너를 찾는 가슴이 아프다.”

5부

마지막 전시회

2021년 개인전시 (수석과 야생화)

가위춤 · 누옥의 추억 · 놀이터라 이름 짓고 · 홀로서기 · 홍띠와 물매화

팔월에 떠난 바다 · 마지막 전시회 · 야생화가 질 때

가위춤

1. 요즘 나무를 접목하는 일에 빠졌다. 마삭줄 동호회에서 배운 것이다. 나무를 키우고 분재를 하면서도 접목은 하지 않았다. 정성을 다해도 잘못 분에 옮기기만 해도 생명을 다하는 마삭줄에 미안해서 접목은 생각하지도 못했다. 사람들도 더러 이름을 고쳐가며 살아가는데 나무에게도 새로운 이름을 달아 주고 싶었다.

몇 년 전 땡감나무에 흑감나무를 접목한 것이 첫 접목이었다. 접목 후 겨울나기가 관건인데 다섯 가지 중 세 가지는 고사하고 두 가지는 살아남아 잘 자라고 있다. 나름 성공했다고 자부하며 정성을 들인다. 땡감나무가 흑감나무로 변했다. 집에 있는 나무들 중 백목련을 취목해서 뿌리를 내려 분에 심기는 잘 한다. 취목과 삽목과 접목 등 여러 방법이 있다. 나는 쉽게 할 수 있는 휘묻이 방법으로 개체수를 늘린다.

접椄붙이기를 통해서 여러 가지 이익도 얻을 수 있다. 요즘은 가지접을 자주하게 된다. 활착이 잘 되면 발육과 결실도 잘 된다. 보통 장마철에 많이 한다. 취목은 삽목 발근이 어려운 수종을 번식시킬 때 사용한다. 수목을 업으로 하는 사람들이나 취미인들은 꾸준히 여러 가지의 접목법을 연구 개발하고 있다고 한다.

몇 해 전, 수형이 엉망진창인 백화등을 헐값에 구입하고 방치한 화분이 눈에 들어왔다. 오늘은 이 아이와 놀아야겠다. 화분을 살피니 철삿줄에 감겨서 정신 줄 놓고 있다. 백화등 잎도 가지가 힘을 잃고도 끈질긴 생명력을 부여잡고 있는 것에 놀라울 따름이다. 내가 멀리한 까닭에 해마다 꽃이 피지 않았다. 가지의 굵음과 곡선의 미를 살릴 작정으로 백지에 연필로 그림을 그린다. 원하는 모양을 그려놓고 비슷하게 맞춰보며 잘라 내야 한다.

해질녘에 백화등을 손보기 시작한다. 꽃이 피지 않은 백화등에 감긴 철사를 풀고 자르고 벗겨낸다. 서툰 그림

솜씨에 농익은 가위질이다. 사정없이 가지들이 잘려나간다. 힘없는 가지를 잘라내고 묵은 가지를 걷어내며 가위는 나와 함께 신나게 춤을 춘다. 몸매를 가다듬고 보니 그동안 무성한 잎에 가려졌던 나무의 선이 드러난다. 주간의 곡선이 적당히 굴곡을 이뤘고 수피가 일품이어서 참 보기 좋다.

잎이 작고 두꺼우며 마디 간격이 촘촘하여 분재로 가꿔가기 좋은 성질을 가진 소엽무늬 백록백화등으로 접목을 하기로 한다. 접수로 쓰려고 키우고 있던 화분을 곁에 두고 살핀다. 세심한 손길이 필요한 수작업이다. 면도날로 씨눈이 건강한 가지 부분을 잘랐다. 본체(백화등)에 가지를 붙이는 일도 여간 어려운 일이 아니다. 진땀을 빼며 두 시간을 소비한 후에야 그림에는 못 미치지만 조금 모양새가 잡힌 소엽무늬 백록백화등이 만들어졌다. 약간 수형을 조정하고 분갈이도 했다. 기다리는 일만 남았다.

2. 유난히 더운 여름 식만(옛지명 가락면)에 있는 내 놀이터 하우스에 다닌다고 얼굴이 거칠어지고 검게 탔다. 서늘한 저녁에 물을 주고 왔건만 바위솔 종류는 전부 녹아내

리고 거무튀튀하게 변한 죽정이만 화분에 남아 있다. 걷어내고 싶지만 그대로 둔다. 열 화분이 넘는 것 중에 잎 하나만이라도 살아 있으면 삭이 나오기 때문이다. 올해는 봄날부터 이상기온에 비 내리는 날이 많아 일조량이 부족하다. 고온에 시달리는 힘든 계절을 보낸 바위솔 종류는 여름 장마철에 많이 고사한다. 꽃의 생리를 잘 알아도 이렇게 황당한 일이 벌어진다. 이리 되면 키울 맛도 쳐다볼 마음도 없어진다.

기분 전환을 해야겠다. 아니 잠시 쉬기로 한다. 자연에 한 번 더 맡겨 보기로 한다. 거울을 보니 까무잡잡한 반백의 할머니가 나를 빤히 바라본다. 자리에서 일어섰다. 평소 가는 단골미장원을 뒤로하고 대학교 근처 새로운 미용실의 문을 어색하게 밀치고 들어섰다. 커다란 거울에 젊은 남자 헤어디자이너가 내 등 뒤에서 나를 한참 쳐다본다. 어떤 식으로 어떻게 해 달라는 건지 묻는 것 같다. 아니, 얼굴과 머리의 모양을 나름대로 연구하는 표정이다. 짧고도 짧은 침묵 속에 말없이 앉아 있다. '손님 어떤 스타일을~' 남자 미용사의 중간 말을 끊고, 하고 싶은 대로 하라고, 변신을 기대하겠다고 의사를 전한다.

가위로 삭둑, 어깨선까지 내려온 머리카락을 자른다. 순간 흠칫했지만 태연한 척 거울을 쳐다본다. 은빛의 날카로운 가위가 내 머리 위로 뒤로 귀밑으로 현란하게 가위춤을 추고 있다. 좀 전의 심각하게 쳐다볼 때와는 다르게 한 치의 망설임도 없이 변신을 책임지겠다는 듯 가위춤은 멈출 줄 모른다. 떨어져 나가는 머리카락에서 순간 내가 자르고 덜어낸 백화등의 잔가지가 떠오른다. 나도 백화등의 묵은 가지와 부실한 부분을 잘라내고 누드로 만들면서 가위춤을 추었으려니. 이번에는 미용사의 가위춤에 놀라고 있다.

거울에 비친 모습이 영락없는 선머슴이다. 완전 숏컷에 상고머리다. 너무나 실망한 나의 눈빛을 쳐다보며 여름이라 땀 많이 흘릴 걸 대비해 시원하게 잘랐다고 한다. 목선의 주름과 눈 옆 잔주름이 더 또렷이 드러난다. 애당초 변신을 바랐던 자신을 원망하면서 말없이 거울에 비친 그 미용사를 쳐다보니, 연세가 있으셔도 얼굴이 곱상하게 생기셔서 잘 어울린다고 한다. 그의 빈말에 한 번 더 거울에 비친 모습을 보아도 여전히 낯설다. 심호흡한 후 다시 거울을 보니 깔끔하고 단정한 면도 있다. 돈도 머리카락도 옛 모습도 다 뺏긴 기분이다. 그래도 마음 한구석에는 여자의 변신은 무죄라며 비싼 값 지불하고 미용실 문을 나선다.

집에 들어오니 백화등이 같은 꼴이 된 나를 보며 웃는다. 당신과 내가 뭣이 다른가 하는 것 같다. 가위질이 뜻대로 안 된다지만 내 머리보다 백화등이 더 예쁘게 보인다. 미용사의 가위춤보다 내 가위춤이 한 수 위다.

누옥의 추억

그곳에서의 삶을 잊지 못한다. 언제쯤 잊을 수 있을까. 반년을 왔다 갔다를 반복한다. 몸도 마음도 도시의 생활에 익숙해지지 않는다. 빨리 마음을 다잡기 위해 작은 방을 차방으로 만들었다. 차 한 잔을 마셔도 뭔가 세련미와 우아함이 갖춰지도록 했다. 그런데도 영 정들지 않는다. 발끝에 따라온 꽃과 흙의 감촉을 잊지 못한다. 도시 아파트에서는 시간을 보며 방송이 알려주는 기온에 따라 생활하고 옷을 입는다. 시골은 부지런하게 움직이며 날씨와 해님을 보며 피부에 와 닿는 공기 온도에 따라 생활한다.

우리 집은 지대가 낮다. 비가 많이 오는 날에는 땅속 깊숙이 들어온 빗물이 거실 기둥을 적셔 네 기둥 밑자리가 다 얼룩져 있다. 하루종일 비가 오면 물은 빠지지 않고 화분과 옹기가 물 위에 떠 있다. 비가 그치면 금세 물은 어디로 들어갔는지 마당은 깨끗하다. 배수 구멍도 없는데 어떻게 들어오고 빠져나가는지 모를 일이다.

내 손은 거칠다. 가지런하게 붙지 못하는 장지는 허리가 굽은 것처럼 구부정하다. 굵은 손마디에 손톱은 찢겨나갔다. 누구보다 강한 애착과 열정을 가지고 14년간 집을 가꾸었다. 힘이 들어 뜻대로 안 될 때는 의지와 달리 포기할 때도 있었지만 하룻밤 자고 나면 또 힘이 생겨 일하곤 했다. 마당 입구에 으름나무 아치를 만들어 대문으로 대신했다. 아래로는 섬백리향을 심어 고요히 흔들리는 꽃물결을 만들어 기묘한 치유력이 느껴지는 마당으로 만들었다. 집에 들어오는 사람들은 주인의 안내가 없어도 꽃이 없는 길을 따라오면 현관까지 올 수 있다.

삼월 초순, 누옥에 들어섰다. 보름 만이다. 평생을 두고 마지막 안식처라고 생각했던 이곳이다. 소나무 아래 복수초는 꽃이 지고 잎이 무성하다. 보랏빛 미묘한 꽃이 신비로운 깽깽이풀은 한창 멋을 내고 있다. 현관 앞 노란 수선화가 예쁘게 피었고 무릇의 외잎이 제법 키가 크다. 옹기 밑엔 돌단풍이 흰 꽃대를 물고 길게 목선을 자랑한다. 그런데 왜 이리 쓸쓸할까. 꽃을 가꾸며 만사 행복했는데 예전 같지 않다. 몸도 마음도 착잡하다. 정원의 꽃과 나무들이 외롭고 힘이 없어 보인다.

모처럼 아랫방인 황토방을 청소했다. 창가에 앉아 밖을 내다본다. 마당을 꽉 메운 꽃들을 보며 한쪽 지붕이 무너진 이 집을 사서 무릉도원 같은 꽃밭을 만든 일들이 스쳐 지나간다. 꽃은 내게 구원이기도 했다.

남편을 잃은 상실감으로 세상 모든 것이 한꺼번에 멈춘 듯 아득했던 그때, 모두 그대로인데 나만이 오롯이 소외된 것 같은 외로움에서 벗어나려고 안간힘을 꽃에 쏟았다. 꽃이 그 사람의 빈자리를 채워주었다. 노루기 범부채 앵초 비비추 깽깽이풀…, 이 꽃 이름들은 내 청춘의 방황과 슬픔과 외로움의 또 다른 이름이었다. 그 긴 세월을 생각하면 지금도 가슴이 아려온다. 삶이 내게 준 가장 큰 선물은 꽃이다. 꽃에 의미를 부여하며 꽃말과 빗대며 키워온 지난날이었다.

이곳은 나의 안식처다. 그 누구도 아닌 나를 위한 행복한 쉼터다. 조금 있으면 필 분홍찔레와 고광나무를 쳐다본다. 내가 차를 마실 때 다기에 생기가 나듯 내가 마당에 들어선 순간 꽃들과 나무들의 움직임이 보인다. 몸을 떨며 주인을 맞이하는 나의 분신들, 품에 안기던 집과 정원이 내가 그들을 보내기 전에 그들이 나를 떠나고 있는 것 같다. 꽃이 나를 품고 내가 꽃을 품었던 곳인데 왜 이리 서늘하게 느껴질까. 영원의 삶을 꿈꾸었던 곳, 불편함도 인내하는 한 방편이 되어버린 삶이었는데 말이다.

나의 안식처였던 누옥이 이제는 가끔 와서 쉬어가는 추억과 향수의 장소가 되었다. 떨어진 감꽃으로 목걸이를 만들고 팔찌를 만들었던 어릴 적 추억을 불러들인 곳도 이곳이 아닌가. 조만간 감꽃이 피겠지.

놀이터라 이름 짓고

이사를 해야 한다. 봄이 오면 집을 비워주기로 했는데 급하게 겨울 삼동에 이사하게 되었다. 생의 마지막 정착지라 생각하고 살아온 집이었다. 살아오면서 여기서 보낸 십사 년이 내 생애 황금기였다. 하고 싶은 것 다 누리고 야생화 개인전도 3회에 걸쳐서 했다. 천연염색 실습상으로 십 년 넘게 유치원 원장과 원생들이 모여서 놀았던 장소였다.

이제 이곳을 떠나야 한다. 마음이 착잡하던 중에 오랜 친구가 찾아 왔다. 종종 희귀종 야생화를 얻어가는 사이다. 꽃을 좋아하는 지인 두 명을 데리고 왔다. 정원에서는 잘 살아도 아파트에서는 살지 못하는 우리 토종 야생화를 곤이 달라고 해서 몇 화분씩을 나누어 줬다. 무슨 미련이 있느냐고, 그동안 잘 가지고 놀지 않았느냐고, 나 같으면 버리겠다고, 이제 그만하고 편하게 살라 한다. 막상 자기들의 일이라면 과연 미련 없이 버리라 할 수 있을까. 내겐 상처가 되는 말을 본인들은 성인군자처럼 통 크게 인심 좋게 버리라 한다. 화분도 다 주물럭 분이고 야생화인데 꽃을 주고도 씁쓸하다. 꽃 화분째로 좋아하는 사람한테 나눠주고 아파트에 가서 편히 살라 한다. 남의 일이니 쉽게들 말한다.

아직 살아 있고 힘도 있고 여유시간도 많다. 남은 많은 시간을 어떻게 보내라고 그런 말을 하는지. 다른 데 취미를 두라지만 해보지 않은 일에 접근하는 것이 두렵다. 용기 있게 도전해 보려 해도 인생이 그리 길지 않다는 게 서글프다. 백세시대라지만 그때가 닥치면 과연 생각과 행동이 지금처럼 움직일 수 있을지.

영원한 것은 없다. 내 손에 쥐고 보낸 시간만큼 애정과 추억이 쌓인 물건인데 버리고 가야 하니 마음 아프다. 그래도 짐을 줄여야 한다. 일손을 놓고 소파에 앉아 창밖을 본다. 12월의 뜰은 나무도 정원도 정갈하면서 깔끔하다. 직선인 호랑가시나무보다 곡선으로 이루어진 배롱나무의 속살은 정말 멋지다. 사람이 저렇게 비뚤비뚤하면 못쓰겠지만, 나무는 저렇게도 멋을 내는가 보다. 잎을 떨군 앵두나무 두 그루가 눈에 들어온다. 새콤달콤한 맛에 취해 손등을 긁히면서 가지 사이에 오롱조롱 맺힌 붉은 열매를 따먹던 재미도 잊어야 한다. 으름덩굴 꽃잎을 차로 만들어 마시던 추억도, 보리수나무에 오팔처럼 박힌 열매를 따 먹던 추억도 다 버리고 가야 한다. 잘 익은 석류 속 알맹이를 하나둘 빼먹을 때 묻어둔 사연은 익어서 단맛을 냈었지. 나는 언제쯤 단맛을 내는 밀어들을 쏟아낼 수 있을까. 은근 기대를 해보는 재미도 이제는 할 수 없다.

버리는 것이 왜 이리도 서글퍼지는지. 이 나이에는 다 허방 짓거리다 하면서도 하우스를 짓고 날마다 다니면서 치우고 옮기면서 놓을 자리 바꿔가면서, 겨울 삼동에 미처 난로도 준비하지 못하고 벌벌 떨면서 꽃나무와 돌과 옹기들을 안고 나온 일이 사치인가 당연한가를 혼자 되물어 가며 일을 하고 있다.

아들이 제 엄마 놀 곳으로 강서구 식만동에 비닐하우스를 준비해 주어서 옮기고 있는 중이다. 나무와 꽃과의 이별이 연인을 보내는 것보다 더 마음이 아프다. 사람이야 먼 훗날 소식이라도 들을 수 있지만 나와 함께한 이 식물들은 개발과 함께 뿌리째 뽑혀 고사하고 말 테니 잘 지내라는 말도 할 수 없다. 최대한 가지고 나올 수 있는 데까지는 추려본다.

어느 정도 짐 정리가 되었다. 아직 이웃과 통성명을 못했는데 할머니 한 분이 하우스 안으로 스스럼없이 들어오신다. 어디서 왔능교? 아 예, 대동에서 왔능교? 이미 내가 어디서 왔는지 알고 있다. 대동은 화명대교를 건너 5분이면 부산에 닿는 거리다. 여기 하우스는 도로명은 부산시 식만이지만 김해 불암동과 냇가 하나 차이다. 일반 버스는 없고 마을버스가 다닌다. 부산에도 이런 곳이 있나 할 정도로 낙동강이 지척이다. 집은 현대식이지만 한적한 반촌 같은 분위기다. 동네 전체가 담벼락에 그림이 그려져 있어 아이들이 오면 벽에 기대어 사진 찍으며 좋아한다.

이월의 냉한 바람이 스쳐 지나간다. 순간 잠들었던 감각이 바람처럼 일어난다. 얼었던 땅도 녹아서 질척거리고 새싹이 움트기 시작한다. 놀이터 이름을 지어야겠다 싶어 친구들과 의논했다. 옛집에서 가지고 온 瑞草堂서초당 현판을 여기서는 달 수가 없다. 처음엔 '서초당 놀이터'라고 할까 했는데 너무 귀족적이란다. 하우스와 어울리지 않는다고. 그럼 이름을 넣을까 하니 그게 좋다고 해서 내 이름을 넣어

간판을 달았다. 밑에는 휴대 전화 번호도 적어 놨다.

나의 놀이터 앞에는 중사도中砂道란 모래섬이 있다. 옛날 잦은 홍수로 모래톱이 쌓여 형성된 곳이라 섬의 지면과 수면의 높이가 비슷하다. 1985년 새마을 사업으로 육지 쪽의 시만 마을과 연결되는 다리가 건설되면서 외부와의 교통이 편리해졌다. 그전에는 거룻배가 오갔던 도선 나루터가 있다. 거기에 서서 '여보시오 배 보내주시오' 하고 손을 흔들면 나룻배가 온다고 했다. 중사도는 겨울 철새들의 낙원이다. 추위에 아랑곳없이 호수 같이 잔잔한 강물 위로 색깔도 예쁜 오리와 물닭들이 떼를 지어 다니는 모습은 이곳에서 볼 수 있는 환상적인 모습이다.

다산 정약용 선생이 시 짓는 친구들과 함께 만든 '죽란시사 첩'이라는 동인지의 머리말이 재미있다. '모임이 이루어지자 우리는 이렇게 약속하였다. 살구꽃이 처음 피면 한 번 모인다. 복숭아꽃이 처음 피면 한번 모인다. 한여름에 참외가 익으면 한 번 모인다. 가을이 되어 서늘해지면 서지에 연꽃 구경에 한 번, 국화꽃이 피면 한 번 모이고, 한해가 저물 무렵 화분에 심은 매화꽃이 피면 한 번, 겨울에 큰눈이 내리면 한 번 모인다.'로 정해서 검약과 절제와 풍류와 낭만을 누릴 줄 아는 삶을 살았다고 한다. 나도 벗들을 불러야겠다. 강도 지척에 있고 꽃도 있고 무엇보다 풍류가 깃든 꽃차가 있으니 즐기기엔 이보다 적절한 장소가 있겠는가.

옛 선비들은 정자를 지어 시도 짓고 풍류를 즐기며 살았지만, 나는 나만의 공간을 형편에 맞게 하우스로 지었다. 반평생 가지고 놀던 야생화와 돌과 옹기와 나무들을 힘에 부치지 않게 종류별로 몇 가지만 가지고 왔다. 마지막 쉼의 놀이터가 생겨서 또다시 나는 꿈을 꾼다. 이곳에서 잘 지내고 싶다. 남은 인생을 어떤 모습으로 어떻게 보내야 하나. 꿈을 꿀 수 있다는 게 행복이라 여기며 몸은 아파트에 머물어도 하루에 한 번씩 오가며 유유자적을 흉내내고 있다.

홀로서기

1. 자꾸 사고만 친다. 안다는 게 문제다. 오늘은 통영 무늬백화등의 가지를 잘라내고 철사 감기를 해서 소나무 문인형으로 만들었다. 말도 안 되는 수형이고, 자연에서 일어날 수 없는 수형이다. 그런데 개작 후에 좋다고, 새로운 도전이라고 지켜보고 있다. 아직은 손재주가 모자라서 분재도 안 되고 가슴속 깊은 곳에 숨어 있는 단어를 끄집어내지 못해 글도 못 쓰고 있다. 내가 만들고 내가 써놓고 웃는다. 참말로 어찌해야 할까. 자숙의 시간을 갖는다.

봄이 되면 마당에서 하루를 보낼 때가 많다. 오늘은 바위솔을 새 화분으로 옮기고 자구들을 홀로서기 시켜야 한다. 해를 넘겼더니 식구가 많이 늘었다. 무서운 햇빛이지만 이 시기에 해야 할 일이 많다.

큰 화분에 있는 바위솔 새끼들을 집게로 하나하나 떼어 냈다. 떼 낸 바위솔 자구가 고아처럼 웅크리고 있다. 혈육이 빠져나간 화분엔 전과 달리 허공이 생겼다. 떨어져 나온 자구들을 유심히 살핀다. 어미 곁을 떠났으니 집도 마련해 주고 옷도 입혀야 한다. 하엽을 가지런히 떼어 내니 또렷해진 자구들이, 어미 곁을 떠난 자구들이 발 없는 몸으로 떨고 있다.

홀로서기를 시켜야 한다. 떼어 냈으니 그들은 더이상 어미에 빌붙어 있지 않다. 스스로 모주가 될 발돋움을 시작할 수 있도록 터전을 마련해 주어야 한다. 살림살이를 장만해서 시집보내는 딸처럼 항상 따뜻이 보호해 준다.

석부작을 좋아하다 보니 오늘은 백두산 화산석에 바위솔 자구들을 붙이기로 한다. 생명토와 가는 마사와 마른 수태를 준비한다. 물을 부어 생명토를 되직하게 만들어가면서 잘게 쓴 수태와 마사를 넣어 골고루 섞어서 돌 위에 펴 바른 다음, 잘 씻은 소립 마사를 위에 뿌린다. 자구들을 하나씩 올린다. 마지막으로 토실하게 살이 오른 이끼로 백두산 화산석 위에 흙이 씻겨 내려오지 못하도록 붙여서 마무리한다. 이제 자구들은 화려한 싱글을 꿈꿀 것이다.

2. 내 꽃밭에 허락도 없이 스스로 발자국을 찍고, 어둠을 이겨내고 자연 발아의 험난한 시간도 이겨내며 만병초 아래 첫 잎을 올려놓았다. 애기동백 씨앗이 떨어져 뿌리를 내렸다. 허리를 곧게 세운 모습이 대견스럽다. 큰 나무로 향한 여정을 일구어야 한다. 어린나무가 꾸는 꿈은 탐험가의 모험이다. 매 순간 부딪쳐 이겨내야 한다며 어린나무에게 말을 건넸더니 야무진 나무는 걱정하지 말라며 나를 바라본다. 어린 것이 용기가 대단하다. 이렇게 어린나무와 대화하다 보면 하루가 금세 지나간다.

3. 백화등이 내게 온 지 오 년째다. 휘묻이를 했더니 뿌리가 잘 내렸다. 분리하여 감상분에 올려야겠다. 개작하려고 거름 충분히 주고 세력을 끌어올렸더니 가지들이 손을 흔든다. 이쯤 철사 걸이를 해도 되겠다 싶어 잎 자르기와 몰아넣기하고 수형을 조정했다. 멋진 백화등 앞에 서서 한마디 한다. 얘야, 이제 어제의 애송이 너를 잊어라. 당당히 홀로서기에 성공한 너에게 박수를 보낸다.

4. 이번엔 참빗살나무다. 내게 온 지 사 년째다. 분갈이 하고 거름도 충분히 주었다. 일그러진 어깨를 끌어올렸더니 가지와 잎이 춤을 춘다. 버릇없이 자란 가지를 덜어내고 온순한 성미를 벗기고 깍지충 약을 뿌렸다. 무관심 속에 시간이 쌓이고 이야기가 쌓이면서 홀로 살을 찌우며 멋을 내고 있다. 매번 결실에 실패만 했던 참빗살나무가 올해는 제법 달려서 나를 기쁘게 한다. 첫아이를 팔 년 만에 가진 큰딸 같다. 희고 고운 씨방이 터지면 주황색 속내가 보일 터. 나도 늙은 할미가 될 것이다.

일찍부터 홀로인 나는 식물들을 독립시키는 데도 좀 과감하게 빨리 독립시킨다. 식물도 홀로서기에 온 힘을 쏟는다. 뿌리내려 살아야 한다는 의지에 놀랍다. 젊은 시절 살려고 악착같이 버틴 나를 본다. 그 탱자 가시밭길을 잘 헤쳐나온 덕에 지금은 노목이 되어 그늘도 만들 줄 안다. 꽃과 내가 서로 의지하고 격려하며, 아름다운 내일을 꿈꾸며 같이 살아가고 있다.

홍띠와 물매화

올해는 불을 사르지 않았다. 야생초 중 홍띠는 띠 종류지만 볏과 식물이라 일 년에 한 번씩 태워준다. 곰팡이 균도 없애고 병충해 방지를 위해서다. 홍띠와 물매화를 합식시켰다. 붉은 홍띠와 하얀 물매화의 환상적인 만남에 여운이 남아 그의 몸에 성냥을 그을 수가 없다.

홍띠가 새순을 내밀 때는 풍지초와 같다. 커가면서 서로 다른 모습으로 변한다. 풍지초는 푸른 잎으로 유연한 곡선을 그리며 크지만, 홍띠는 바늘 끝처럼 뾰족한 순이 이미 붉은색을 물고 있다. 빳빳이 서서 크면서 몸의 반 이상이 완전한 홍색으로 변한다. 홍띠도 풍지초만큼이나 멋스럽지만 유연하지 않다. 꼿꼿하게 서서 바람을 맞는다. 곧은 성격 탓에 몸은 상한다. 풀이지만 융통성 없고 우직한 남성상이다.

시민회관 전시 하루 전날, 전시대에 회원들의 작품이 올려졌다. 일 년 동안 잘 손질한 작품들이 열을 지었다. 똑같은 종은 중복되지 않게 내려 놓아야 한다. 나는 홍띠에 물매화를 합식했다. 그 당시는 합식을 해서 분에 올린다는 것은 상상도 못하던 시기였다. 한 화분에 한 종류만 잘 키워서 일반인에게 알리는 시절이었다. 순수 우리 꽃 토종 산야초를 알리는 차원이었다. 이끼도 안 된다며 전시장 진열대에 올리지 못한 일을 들먹이며, 새로운 시도를 해보는 것도 좋을 것 같다며 올려보자고 했지만, 홍띠도 순수 우리 것이 아니라며 또 시시비비가 일어났다.

꼿꼿한 협회 회장이 귀화식물도 이 땅에 왔으니 우리 것으로 받아들이자고 했다. 순수성은 없지만 멋진 조화로움도 작품이 된다고 진열대에 올리라 해서 어렵게 올린 작품이다. 그때 나는 햇병아리 회원이었다. 의욕과 창작성은 남달랐지만, 워낙 고지식한 어른들이라 그 벽을 넘기가 쉽지 않았다. 그때 나이 오십이 안 되었으니 젊음이 일조를 하지 않았나 싶다. 전시회 첫날부터 눈길을 끌면서 인기 항목이 되었다. 카메라 불빛에 홍띠와 물매화의 몸값이 올라갔다. 관람 온 관객과 회원들도 좋아했다. 자생지가 어디냐며 문의가 빗발쳤지만, 밀양 종남산이 군락지란 건 끝내 말하지 않았다.

물매화는 습지식물이라 한여름 기온이 올라가면 화분 속 물기가 열을 받아 뿌리가 고사한다. 차광막을 치고 통풍이 잘되게 해 줘야 한다. 아침 일찍 물 주기는 피한다. 해가 진 후 저녁에 물을 흠뻑 준다. 잎이 타는 것을 방지하기 위함이다. 분에서 키우기론 까다로운 식물이지만 청초한 분위기를 낼 줄 아는 유일한 토종 산야초다.

강산이 세 번이나 바뀐 지금, 자생지의 물매화는 자취를 감추었다. 재작년에 야생화 전문 농장에 가서 잎이 타고 목선도 구불구불한 물매화를 어렵게 만났다. 당장은 멋진 모습을 볼 수 없지만 다음 해를 기약하고 세 화분을 샀다. 옛날의 멋진 모습을 떠올리며 홍띠와 합식시켰다. 지난날 날쌘 손놀림은 어딜 가고, 어렵게 세 개의 화분으로 만들었다. 그 화분에서 흰 꽃이 피어 나를 기쁘게 한다.

칠월 장대비가 앞뜰을 휘젓는다. 홍띠는 허리가 꺾이고 잎이 찢어져도 당당히 바람에 맞선다. 발아래 물매화의 우산이 되기 위해 바람막이가 된 홍띠가 애잔하다. 풀잎이 저렇게 상처가 난 몸으로 서 있다는 것이 신기할 따름이다. 자식을 보호하는 옛날 우리 아버지 모습이다. 육이오 전쟁 후 고철 더미에서 찾아낸 폭약의 한 종류인 구슬 뇌관을 갖고 놀다 터져서 오른쪽 손을 잃은 장남을 위해 아버지는 평생을 우산이 되어 사셨다. 그 당시엔 자식이 불구자가 되면 부모는 죄인이 되는 시절이었다. 지금은 장애인이라 대우도 받고 자리도 비워 두지만, 병신이라 피하고 업신여김을 당하던 시절, 자식이 기죽지 않게 모든 걸 다 해주셨다. 아들의 든든한 우산으로 살다 가신 아버지가 그리운 날이다.

홍띠의 붉은색이 바람에 나부낄 때면 황혼보다 아름답다. 서산의 붉은 기운과 앞마당 홍띠가 어우러질 때 앞마당엔 불이 붙는다. 이때 다섯 장 꽃잎의 하얀 물매화가 그 속에서 피었다면 휘몰아치는 격정의 감정도 불꽃도 차분히 가라앉겠지. 붉은 홍띠에 하얀 물매화, 내가 심어 놓고도 감탄사가 절로 나오는 기막힌 조화다. 꽃 세상도 이럴진대 사람도 곁에 누구와 같이 있느냐에 따라 인격과 모습, 인생 자체가 달라지리라.

그러나 홍띠와 물매화 같은 삶은 살기 어렵다. 기후에 따라 조화로움도 덜해진다. 우리 삶을 가꾸듯 정성을 들여 가꾸어야 한다. 키우는 사람에 따라 꽃의 존재감도 달라지는 건 자명하다.

홍띠 아래 물매화처럼 보호받으며 우아하게 살고 싶었다. 지난날은 홍띠 같은 삶을 살아왔다. 물매화 같은 삶은 꿈도 꾸지 못한 젊은 날이었다. 그렇지만 홍띠 군락 속에 물매화처럼 반짝이며 살고 있다고 자부하는 노후다. 자식 네 명이 홍띠 역할을 단단히 해주고 있다. 오늘도 홍띠 보호 아래 물매화처럼 늦은 인생의 꽃을 피운다.

팔월에 떠난 바다

생각할수록 무심한 바다다. 대답 없는 바다를 망연히 바라본다. 우린 같은 □□초등학교 동창이다. 결혼하고 나이가 쉰이 다 되어갈 때 한번 만나보자며 몇몇이 서로서로 연락을 취했다. 기대감 속에 동창회를 했다. 도시에서 태어나 입학한 초등학교 동창회가 삼십 년 넘게 유지한다는 건 생각보다 어려운 일이다.

'어떻노, 괜찮체?' '응'

더는 말이 필요 없었다. 서로에게 버팀목이 되어주었던 친구다. 동창회 때 내 옆에 앉으며 안부 겸 걱정해주던 친구였다. 8월 어느 날 동창회 카톡방에 그의 부고 소식이 올라왔다. 카톡방이 떠들썩해졌다. 나는 한마디도 할 수 없었다. 오랫동안 서로가 소식을 주고받지 못했다. 부산 생활을 접고 김해 대동면으로 거처를 옮기고 난 후 집수리와 정원 가꾸기에 여러 해를 보내면서 자연히 부산과는 거리가 멀어졌다.

그의 뼈를 바다에 뿌리는 날, 나는 해운대 바다 외진 곳에 서 있었다. 그냥 보이지 않는 곳에 서서 마지막 가는 길을 상상해 보고 싶었다. 그게 내 마음이었다. 친구가 마지막 가는 길을 지켜봐 주는 것도 어려운 세상이다. 마도로스였던 그는 평생의 고향인 바다로 돌아가는 길을 어린 시절 친구 네 명과 함께 했으니 외롭지는 않았으리라.

천 번 만 번 해안을 치고 되돌아가는 파도를 본다. 그의 삶을 보는 것 같다. 파도는 뭍으로 올라오지 못한다. 푸른 멍이 든 바다는 마치 벗어날 수 없는 운명과 같다. 수평선은 더 멀어지고 해조음 따라 그의 목소리가 들려오는 듯하다. 물결에 젖은 발등을 수없이 밀려오는 파도가 위무해 준다. 바다 한쪽이 무너져 내린 듯 내 한쪽 어깨가 기운다. 필시 그는 바다였고 나는 강이었나 보다.

남편을 먼저 보낼 때 친구나 동창, 취미 모임 등 아무에게도 소식을 전하지 않았다. 괜히 자신이 초라하게 느껴졌다. 아프다고 하고 몇 년 쉬다가 모른 척 모임에 나가서 평소와 같이 행동하면 되겠지 했다. 한데 발 없는 말이 천 리를 간다고 몇 년 후 모임에서 나를 보는 눈길이 달랐다. 그래도 혼자가 된 사실을 끝내 말하지 않았다. 다 쓸데없는 자존심이지만 그땐 그러고 싶었다.

'어떻노, 괜찮체'라는 말은, 널 믿고 있으니 흔들리지 말고 잘 살아가라는 말이다. 진심 어린 표정으로 항상 말없이 지켜봐 주던 친구다. 그 앞에서는 흐트러짐이 없는 모습을 유지하고 싶었다. 아무리 숨긴다 해도 표정에서 느끼는 무엇을 감지했는지 어깨에 손을 얹으며 툭 하고 던진 말이다. 오대양 육대주를 넘나들었던 친구. 그의 가정사는 베일에 가려 있었다. 화려한 만큼 어두운 면도 많았던 친구였지만 서로 가정의 아픔은 말하지 않았다. 그것은 암묵적 동의이고 무언의 침묵으로 나누는 서로에 대한 배려였다.

언제까지나 내 옆에서 엇길로 빠지지 못하도록 일침을 가할 줄 알았다. 그가 홀연히 떠나니 기댈 수 있는 기둥이 사라진 느낌이다. 젊어서는 든든했고 나이 들어서는 의지가 됐다. 전화를 안 해도 소식이 없어도 거기 있으려니 나를 지켜보려니 여겼다. 그런데 그 친구는 지금 내 곁에 없다.

몇 달이 지난 뒤 그의 절친인 동창이 만나자고 연락이 왔다. 오랜만에 차려입고 장소로 나갔다. 먼저 간 친구 얘기와 나도 몰랐던 가정사까지 소상하게 얘기하던 중 느닷없이 물었다. "너하고 □□이랑 별일 없었지?" 한다. 무슨 소린가 하면서 쳐다보니 실은 자기가 나를 더 좋아했단다. '경희는 내가 손봐 놨으니 □□이 너는 딴생각하지 마라.' 라고 했단다. 해서 친구와의 의리를 생각해 네게 말을 못 했다고, 삼십 년도 더 지난 일을 꺼내어 모처럼 크게 웃었다. 진작 말 좀 하지, 내가 매력이 없어 친구들마저 관심을 안 보이는가 싶었다고 그간의 맘을 털어놓았다.

하하 호호. 정말 오래간만에 지난 시절을 떠올리며 한바탕 웃었다. 초등동창이라 허물없이 웃을 수 있고, 농담이라도 신난다며 열을 올렸다.

돌아오는 내내 먼저 간 그 친구의 속 깊은 배려심이 고맙게 여겨졌다. 싯궂은 친구들이 치근댈까 봐 미리 선수 쳐놓고 나를 보호해 준 그가 생각나고 보고 싶다. 지나간 시절이 그리워진다. 사람은 추억을 먹고 산다든가.

마지막 전시회

한 번씩 전시회를 연다. 취미생활로 돌보던 야생초와 분재로 4월에 한 번, 11월에 한 번 야생화 전시회를 연다. 내 멋에 취해 손님 초대도 없이 받침대 위에 옹기 위에 올려놓고 선반에 수석도 몇 점 올리고, 분재도 올려놓는다. 강 건너 지인들에겐 골담초 꽃차 맛보러 오라고 초대한다. 마당에 풀도 뽑아야 하고 옹기와 약탕기도 닦아 놓는다. 이렇게 번잡을 떨면서도 하는 것은 나를 다잡기 위함이다. 그렇게 하면 집 안팎이 새로워지고 분위기도 달라진다.

이번엔 망설여진다. 곧 집을 비워 줘야 하건만 미련이 남아 또 저지른다.

마지막 전시회다. 이제는 하고 싶어도 할 수 없다. 대동산단이 들어오기 때문에 대동면 일곱 마을이 사라진다. 어쩔 수 없이 쫓겨나가는 신세다. 14년을 살았던 동네에 대한 아쉬움과 나 자신을 위한 위로이기도 하다. 나만의 전시회엔 내 손끝에서 살아나고, 향기가 나고, 꽃이 피어났던 뜰 안 분신들을 한자리에 모아놓고 허물없는 지인과 이웃과 이곳에서 친하게 지냈던 아우들을 부를 생각이다.

취미생활로 모아 둔 수석, 야생화, 공예품 외 시 몇 편을 적어서 하우스 안에 걸었다. 부족한 부분을 꽃으로 메워야 하는데, 꽃피는 시기가 각각 다르다 보니 자꾸만 늦어진다. 유명인사도 아니고 학식이 높은 박사도 아니고, 어느 한 부분이라도 특별하게 나은 구석이 없는 내가 무슨 전시회냐고 스스로 자문하면서 준비한다. 대관해서 하는 전시회도 아니다. 무의미하게 그냥 떠나는 것보다 마지막으로 없어질 집에 대한 예의이고, 꽃에 대한 애정이며, 나에게 주는 선물이라고 생각한다.

뻐꾹채는 꽃봉오리가 크다. 뻐꾸기가 울 때 핀다고 해서 이름 붙여진 꽃이다. 분홍빛 솜방망이 같은 둥근 꽃이 달리지만, 개화 때는 홍자색이 유혹하는 매력적인 꽃이다. 건조한 양지에서 자라는 여러해살이풀이다. 한데 꽃이 안 보인다. 잡풀이라도 소홀히 다루지 않았다. 야생화 애호가들만 가진 희귀종이라면 과장이겠지만 보기 드문 순수 토종 야생화 꽃이다. 아쉽다. 항상 없는 것에 더 미련이 간다. 엉겅퀴와 둘은 닮았다. 엉겅퀴는 식물 전체에 가시가 있고 뻐꾹채는 가시가 없고 관모는 솔방울을 닮았다. 한해살이풀이 지면 한 시절이 간다는 말이 있다. 이번 전시가 끝나면 또 한 세월이 머리 위에 올려지겠지.

할미꽃은 한창 멋을 내는 중이다. 은빛 씨앗을 달고 하늘을 향해 한마디 하고 있다. 잘 키운 자식들 쳐다보라며 허리를 당차게 세웠다. 목단은 이미 꽃 지고 없다. 작약이 봉오리를 부풀리고 있다. 때맞춰 제 몫을 해낸다. 대문 대신인 아치형 으름나무의 앙징스런 꽃들도 지기 시작한다. 지는 꽃만 눈에 들어온다. 맥이 빠지지만 이번이 마지막이라며 용기를 내 본다.

때맞춰 으아리가 피기 시작한다. 곧게 올라간 두 화분에서 희고 단정한 모습으로 주인의 마음을 알고 서둘러 피고 있다. 전시회를 위해 좀 늦게 피라고 앵초를 햇빛도 들지 않는 서늘한 그늘에 두고 관리하고 있었는데 오늘 햇볕이 드는 밝은 곳으로 옮겨 놓았다. 흰앵초와 붉은앵초꽃이 부풀어 올랐다. 감상분에 올린 장수매도 붉고 희고 탐스런 웃음으로 손님 맞을 채비를 한다. 하우스 창문 위로 올린 붉은 인동초가 화사하게 꽃을 피우고, 희디흰 노랑줄무늬 창포가 외로운 귀부인처럼 먼 곳을 우러르고 서 있다. 어쩜 저리도 자태가 아름다운지, 감탄한다. 자란도 자주색 피부를 자랑한다. 생각지도 못한 동설란이 목을 길게 뽑아 올려 존재를 알린다. 자주색 수수꽃다리도 함께 어울렸다.

마삭줄과 백화등을 여럿 키운다. 덩굴 식물이지만 사철 푸른 잎에 가을엔 붉은 단풍도 안겨준다. 꽃이 내뿜는 향기는 라일락이나 아카시아 향기에 버금간다. 마삭줄이 빠진 전시회는 상상할 수 없다. 마삭줄의 종류도 다양하다. 마삭줄을 백두산 화산석에 붙였다. 둘은 찰떡궁합이다. 어쩜 저리도 밀착해서 사이좋게 지내는지. 등나무처럼 감고 올라가면서도 상대를 옥죄어 죽이지는 않는다. 지혜로운 나무다. 이쁜 짓을 하니 항상 곁에 두고 관리한다. 오색마삭줄은 잎이 꽃보다 아름답다. 일명 초설이라고 한다. 설백의 색상에 알알이 박힌 초록, 연핑크색, 연두색 점이 들어 있다. 하지만 햇빛을 네댓 시간을 받아야 아름다운 색을 낼 수 있다. 또한, 가지치기도 알맞게 해야 한다. 시기를 놓치면 오색을 볼 수 없다.

이웃 아우는 매일 한두 번은 온다. 어디로 이사할 건지,

멀리 가지 말고 가까운 곳으로 같이 모여 살자고 한다. 하우스에서 나오는 채소를 갖다 주기 때문에 오늘은 무엇을 작업했는지 앉아서도 다 안다. 올겨울이 오기 전에 다 헤어져야 한다. 다들 심란한 마음으로 농사일을 한다. 또 다른 아우가 찾아왔다. 내일 딸기밭 노타리 치니까, 남아있는 딸기를 다 따 가라고 한다. 이백 평 딸기밭에 조롱조롱 매달린 딸기를 정신없이 따서 소쿠리에 담는다. 이 좋은 상품을 팔지 왜 이러냐며 물어본다. 기름값도, 노동 값도 빠졌다고 한다. 당도도 떨어지고 상품의 얼굴도 예쁘지 않아서 갈아엎는단다. 먹을 것이 하나 더 늘었다. 하우스 안에서 나오는 토마토도 가져오고 부추도 가져온다. 먹을 것은 충분하다. 이런 재미가 더 즐거웠는데 앞으로는 맛볼 수 없는 정이다.

이웃 아저씨가 수레에 대명석곡과 난 종류를 싣고 왔다. 우리 집에 없는 것 같아 힘을 보태고 싶단다. 대문도 없이 십삼 년을 살았으니 무슨 꽃이 피었는지, 무슨 꽃이 없는지를 다 알고 가져왔단다. 이보다 더 정다운 동네가 어디 있을까. 이런 행복이 힘든 일도 잊게 한다.

그야말로 동네잔치가 되었다. 부르지도 않았는데 스스로 와서 지짐 부치고 농주도 가져오고 국수도 삶는다. 토마토와 딸기가 스텐 그릇에 수북이 쌓여 있고, 좀 늦게 도착한 아우는 쑥 털털이를 한 소쿠리 들고 왔다. 자리 펼쳐 줘서 고맙다며 이제 언제 만나서 이런 재미를 보냐며 눈물 바다가 되었다. 농주 덕에 네 설움 내 설움 다 섞어가며 울고 웃으며 생각지도 못한 전시회가 동네 화합과 이별 의식이 되었다.

나만의 전시회처럼 나만의 출판기념회가 되었으면 하는 간절함도 있었다. 수필집 한 권 내어 이웃과 기념회를 하고 싶었는데 한발 늦었다.

야생화가 질 때

으름나무 그늘을 지나 서초당 뜰로 마흔아홉 건장한 그가 들어선다. 올백으로 시원스레 빗어 넘긴 머리다. 흰 바탕에 줄무늬가 있는 셔츠를 입고 양복 윗도리를 한쪽 팔에 걸치고 스스럼없이 디딤돌을 밟고 걸어오고 있다. 현관문을 밀치고 들어오기 바쁘게 마루를 거쳐 큰방을 살피고 작은방으로 한 바퀴 휘 둘러보고 거실을 살핀다. 소파에 앉아 잠시 쉴 생각도 없다. 서 있는 짝에게 눈길 한 번 주지 않고 바람처럼 사라진다.

"어디가?"

목을 짓누르는 답답함에 겨우 말을 했다. 눈을 떴다. 새벽 두 시다. 피곤해서 잠시 쉰다고 앉아 있었는데 저녁도

거른 채 거실 소파에서 잠이 들었던 모양이다. 긴 꿈이었다. 문 쪽을 바라보니 찬바람만 스친다. 으스스 한기가 든다. 잠에서 깬 새벽은 평소와 달리 허전하고 공허하다.

오래전 일이다. 후배의 소개로 낯선 사람을 만났다. 노후에 친구처럼 지내란다. 후배가 있는데도 난 그 사람을 똑바로 바라볼 수 없었다. 눈길은 자꾸 엉뚱한 곳을 향했다. 첫날이라 셋이서 산성으로 드라이브할 때도 뒷자석에 앉았다.

며칠 후 전화가 왔다. 약속 장소에 나갔다. 상대는 첫 만남 때보다 더 깔끔하게 차려입고 나왔다. 중늙은이들의 만남은 부끄럽고 민망하고 어색했다. 단둘의 만남에 이미 내 가슴은 뛰었다. 약간의 설렘도 있었다. 가깝게 앉은 젊은 사람들의 눈치를 보랴 이래저래 신경을 쓰다 보니 그 사람의 조용한 음성이 잘 들리지 않을 때도 있었다. 상처한 이야기, 자식들 이야기, 취미까지 주고받으며 공감대를 찾아나갔다. 마음은 이미 풍선을 달았다. 아무리 세월이 좋아졌다 해도 남녀가 유별한데 친구라니.

오직 자식들을 위해 헛눈질 않고 열심히 살아왔다. 시집장가 다 보내고 나이도 지긋하니 지금 딴 사람을 만나도 크게 흉 될 것 없다고 빈말, 헛말, 참말, 온갖 변명과 핑계를 다 갖다 붙였다. 매번 데이트가 끝나면 후배에게 보고 했다. 그 사람이 밥 사면 내가 커피 사고 그랬어. 그러면 후배는 잘했다고, 어쩜 그럴 수 있냐며 그때마다 내 기분을 맞춰 주었다.

앞마당 꽃들도 방방 멋을 더하고 꽃 진 자리에 새순이 가지로 변해가고 있었다. 모란이 풍만한 웃음을 지으며 응원했다. 바통을 이어 작약까지 주인 기분을 돋우느라 며칠 동안 환한 꽃송이로 분위기를 띄운다. 땅에 붙은 등심붓꽃과 금강봄맞이도 주인 발걸음에 리듬을 넣어주며 힘을 보탰다. 돌확에서는 노랑 물안개가 희망의 노래를 부르고 있는 사이 봄날 같은 삼 개월이 흘렀다.

삼 개월 동안 내가 낙동강을 건너 그 사람을 만나러 해운대로 동래로 서면으로 갔다. 이제는 그 사람이 강을 건너 내게로 왔다. 강서구청 팔각정에 오면 내 차로 달렸다. 상동 추어탕집으로 장척계곡으로 삼랑진 안태공원으로 나를 만나러 온 정성에 맞게 예의가 어긋나지 않게 잘 대접해서 보냈다.

한 달에 두세 번 익숙지 않은 사람과의 만남은 많은 에너지가 필요했다. 그 사람 말에 귀 기울여야 하고, 행동 하나 말씨 하나 신경 써야 할 일이 많았다. 구포다리를 건너 내리면 공기도 달라진다고 좋아했다. 온 김에 우리 집 구경도 하고 싶어 했다. 하지만 아직은 내 집에 그 사람을 들이고 싶지는 않았다. 사실은 내 마음이 결정 나지 않았다. 시골이라 동네 사람들 눈도 있으니 다음으로 미루는 사이 두 달이 지나갔다.

처음엔 양복 차림이 좋았다. 언젠가 점퍼 차림으로 왔는데 그 모습이 더 좋아 보였다. 편안하게 만나는 것이 좋아졌다. 어느 날 그 사람의 티가 눈에 보이기 시작했다. 후배와 대화 중에 그와 만나며 있었던 일을 이야기하면서다. 굼뜬 행동이 보이기 시작했다. 처음엔 점잖게 보였는데 몇 차례 만나면서 보니 아니올시다다. 다리만 건너면 없는 것 없이 다 모여 있는 덕천사거리인데도 그 흔한 영화 구경 한 번 가자고 하지 않았다. 커피숍 옆이 빵집인데도 한 번도 가지 않는다. 멋을 모르는 사람인가 분위기가 없는 사람인가. 그날따라 그의 행동이 섭섭하게 느껴졌다. 강서구청역에 그 사람을 내려 주고 후배에게 전화해서 미주알고주알 다 말하면서 내 마음도 전했다. 후배는 상대를 배려하지 않는 것이란다. 두 달 동안 소소하게 지출이 많아졌다. 후배의 말대로 그리 쩨쩨하게 놀면 혼자 놀아야 한다고, 오래 사귈 사람은 아니라고 판정이 났다.

초승달이 상현달로 차올라 휘영청 보름달 되듯이 내 마음이 들떠 있었던 적도 있었다. 그 사람은 나를 친구 그 이상으로 생각했다. 세월이 좋아 쉽게 만나 쉽게 헤어진다고 하지만 받아들이기가 쉽지 않다. “언니가 이조시대 사람이냐, 무엇을 망설이고 줄자 재듯이 선을 그으면 어쩌겠냐는 것이냐”며 따지듯 대든 후배의 말에 나도 인정하고 말았다. 선을 그은 사람은 그 사람이 아니고 나였다. 그 사람은 나름대로 최선을 다했고 나도 정성을 다했지만 자꾸 비교가 되었다. 처음엔 느끼지 못했던 사소한 것에도 섭섭해졌다.

오 개월의 조율시간은 끝났다. 조건이 비슷한 사람끼리 만나면 잘 될 줄 알았다. 무성한 잎을 자랑하던 앞마당 야생화들도 풀이 죽기 시작한다. 찬바람 불면 잎들은 흔적 없이 사라지겠지. 잠시 내 마음에 머물다 간 사람이다. 마음의 정리가 끝나고 나니 홀가분하다. 뭔가에 구속된 듯한 불편함이 사라졌다. 보름달이 하현달로 기울어 깜깜한 그믐에 들듯 짧은 지난날을 잊기로 했다. 저녁 해 기울듯 내 마음 서둘러 기울었으면 어쩔 뻔했을까.

꿈속에서라도 만났으면 해도 나타나지 않던 남편이 그 사람과 헤어지고 마음 정리가 끝났을 때 꿈에 나타난 것이다. 귀신도 샘을 내는가 싶다.

나를 두고 먼저 가지 않았다면 내가 왜 딴 사람을 만났겠어? 더듬더듬 서툰 변명을 하며 다시는 바쁘게 마루로 들어서는 일 없을 거야. 잠시 가지는 흔들렸지만 뿌리까지 흔들리지 않았어…. 듣는 이 없는 허공을 보며 외쳐본다. 근조 등 켜진 날 저녁에 한 일부종사의 맹세가 약속으로 익어간다.

〈작품해설〉

서초당 뜰에는 정한情恨이 피고지고

박양근(문학평론가)

모든 문학은 인간의 삶을 기반으로 한다. 시와 소설과 수필이 장르에 있어 형식적 차이가 있더라도 삶의 문학화라는 공통점을 가진다. 다만 소설이 허구로, 시가 이미지로 가상의 인물을 등장시킨다면, 수필은 작가의 체험을 직간접적인 소재로 삼는 차이가 있을 뿐이다.

인간의 삶은 자신이 행하는 행동과 그것에 대한 느낌으로 이루어진다. 생로병사가 개인의 요약된 행적이라면 희로애락은 그것에 대한 심리적 반응이다. 인간의 일생을 요약한 이 키워드는 웃음과 눈물, 좋아하고 싫어하는 지극히 단순한 양면 반응을 일으킨다. 하지만 작가는 말이나 표정이 아니라 언어로 경험을 기술하고 갖가지 비유와 은유를 빌려 감정을 묘사한다. 그 문체로 수필은 행동과 감정의

담론이 되어 리얼한 사건과 심적 표현으로 직조해낸다.

조경희 작가의 생은 수필에 나타나 있듯이 양분되어 있다. 불시에 닥친 남편의 죽음 이전과 그 이후다. 그 분기점에서 그녀의 삶은 좌절과 배신을 당하지만, 자식이 있는 어미이므로 살아야 하므로 꽃과 나무와 염색과 야생화와 더불어 생生의 성城을 구축한다. 급류로부터의 생환은 원래 힘겨운 것이지만 그녀는 묵묵히 사십여 년을 견뎌내었다. 그리고 80을 넘은 나이에 고백록으로서 『서초당 일기』를 발간하였다.

『서초당 일기』의 〈작가의 말〉에서 "수필은 내 생활의 기록이다"라고 말하듯이 생활의 기록 그 이상도 이하도 아니었다. 하지만 "엄마만이 쓸 수 있다"는 아들의 격려처럼 이 수필집은 누구도 겪을 수 없고, 이겨낼 수 없고, 쓸 수 없고, 책으로 펼쳐 낼 수 없는, 조경희만의 진실로 이루어져 있다.

조경희는 자신의 삶을 읽고 썼다. 마치 굴곡진 어느 여인의 삶을 귀담아듣고 채록하듯이 담담한 문체로 숨은 격랑을 자전수필로 바꾸었다. 그래서 『서초당 일기』는 정한록情恨錄이면서 살아야 한다는 숭엄미를 지닌 야생화 같은 고백록告白錄이기도 하다. 독자는 수필이 어떨 때 가슴으로 쌓아 올린 첨탑이 되는가를 일러주는 자서를 대하는 기회를 가진 것이다.

1. 내 슬픈 전설, 마흔다섯

사람의 운명은 예측불허다. 오죽하면 팔자소관이라는 말이 있는가. 계획하거나 예감한 일을 하면 마음이 미리 준비되어 심적 분란이 일어나지 않는다. 그러나 예상하지 못한 사건이 일어나면 '겪거나 당한다'는 말처럼 시련과 역경이 뒤따른다. 정신적 충격을 받은 당사자는 아무리 강한 심성을 가졌더라도 한동안 어찌할 바를 모른다. 운명으로 여기려 하지만 생의 진로가 뒤틀리면서 예상 못 한 인생의 길을 평생 걷기도 한다.

여자의 가슴 속에는 그런 강이 흐른다. 자연의 강처럼 인생이라는 강은 계곡과 절벽에 부딪혀 구비 틀고 거칠어진다. 역경을 거듭한다. 설상가상, 격변기의 한국 역사 속에서 살아온 당대의 여성들은 봉건주의적 순종과 민주주의적인 자유에 끼여 갖가지 시련을 겪을 수밖에 없었다.

조경희도 예외가 아니다. 그녀는 성장기에는 부모의 따

뜻한 관심을 받았고 결혼한 후에는 남편의 사랑을 받으며 3녀 1남의 화목한 가정을 이루었다. 순연하게 흐르는 강이 절벽을 만나 직하하듯이 남편의 급작스러운 죽음은 지금까지와 다른 세상살이를 맞도록 한다.

그녀의 곁에는 아무도 없었다. 사업가 남편의 시댁들은 마수를 드러내어 재산을 빼앗고 그녀를 쫓아내려고 애를 썼다. 가족이라고는 스무 살을 겨우 넘긴 큰딸부터 어린아이에 불과한 아들까지의 네 자녀뿐이었다. 친정 식구가 있었지만 도움이 되지 못하였다. 그녀를 바라보는 세상의 눈빛도 냉랭하였지만, 세상 물정을 몰랐던 그녀는 저항이라는 것을 알지 못하였다. 남에게 호소하지도 한탄하지도 못했던 서러운 이야기는 심연의 침묵으로 깊게 가라앉으면서 말 없는 여인이 되었다. 그간의 사연은 수십 편 수필이 되고도 남을 만하지만 그녀는 오직 서러움과 그리움이라는 두 이미지에 모든 것을 담는다.

삼십 년 전 대연동 주택에서의 일이다. 어린 사 남매와 번창하던 사업을 두고 손 쓸 여유도 없이 그 사람은 구름처럼 갔다. 시누이들이나 친척들이 찾아올 땐 항시 하는 말씀이 "오동나무에 연鳶 걸리듯이 걸렸구나, 우리 작은며느리 전들 어쩌겠나 히잉"

하면서 묘한 웃음을 흘리시던 시어머니의 그 뜻을 처음엔 몰랐다. 궁금하면서도 속상한 게 정말 비뚤어지고 싶은 날 밤을 수없이 보내고 나서야 그 비유법을 알게 되었다. 그 묘한 웃음은 슬픈 생활의 시작점이었다.

— 〈鳶과 緣〉에서

조경희는 “오동나무에 걸린 연”처럼 땡볕과 눈비를 오롯이 혼자 받아내야 하는 신세였다. 〈鳶과 緣〉이 그 내용이다. “엄마라는 무게를 달고 슬픔을 걷어내고 일어서는”데 두 해가 필요했다. 한동안 경제력을 일구는 독립심을 발휘하였다. 하지만 한이란 좀처럼 식히기 어려운 것, 모든 비애를 “서초당”에서 삭혀 냈지만, 시댁과의 관계는 끊어진 연鳶으로 남겨두었다.

험한 세상에서 혼자라는 의식만큼 사람을 좌절시키면서 강하게 만드는 것이 없다. 불필요한 사람들과 단절하고 오직 자식을 위해 살아야 한다는 슬픈 신세는 가슴으로 읽는 전설과 다름없다. 4남매의 눈망울에서 눈물을 배우고 시댁 가족의 발걸음이 차차 멀어지는 가운데 살려면 가볍고 단출하여야 하므로 생존에 필요한 것 외에는 모든 얼레의 실을 끊어버렸다. 〈길을 묻다〉는 40여 년 전 딸을 셋 둔 후

송광사 승방을 증축하는 기와를 머리에 이고 바윗돌 암자까지 숱하게 날라 아들을 점지받은 전설 같은 이야기다. 그 아들은 호주 상속을 받았지만 재산 상속을 받지 못하였을지라도 아버지의 제사를 지낸다. 그런 자식들이 희망의 둑이다.

사람은 운명의 가르침을 미리 알아차리기 힘들다. 남편의 죽음에는 돌발적이었지만 후일 되돌아보니 불길한 징조가 있었다. 그 예감이 〈장꽃〉에서 밝혀진다. 시집을 와 장을 담던 어느 해, 꿈에 향나무가 쓰러져 불길한 예감으로 장독을 여는 순간 지독한 냄새가 온 집안에 들어찬다. "장이 뒤집히면 살림이 가든지 사람이 가든지 한다"는 속설 따라 액땜을 하지만 그녀의 인생은 달라지지 않았다. '집안 기둥이었던 남자가 마흔아홉'에 쓰러지면서 시어머니는 밀주도 더 이상 담지 않고 달달한 장맛도 사라졌다. 마흔다섯 여인도 구만리 앞날 앞에서 쓰러졌다. 그 불상사는 집안의 종말이 되었고 거짓말 같은 슬픈 전설의 서막이었다.

20년이 지나 다시 홀로 장을 담그고 장꽃이 독에서 피어났을 때 일흔을 넘긴 여인네의 속가슴은 어쨌을까. "내 손등과 얼굴에 저승꽃이 핀 늦은 봄날 첫 장꽃을 보았다. 내 인생의 부활인가, 꽃보다 멋진 내 생의 우담바라였다."라고 위로하지만 끓인 된장국을 받을 그는 없다. 그렇다 하여도 장 꽃은 인생을 깨달은 여인의 꽃이므로 남편을 먼저 보낸 "마음속 죄인의 신분"에서 벗어날 수 있었다,

조경희는 행복과 슬픔과 추억이 깃든 대연동 집을 나왔다. 얼마 후 자연에게 의탁하려는 듯 김해에 정착했다. 발품을 팔아 찾아낸 낡은 한옥을 직접 수리하고 꽃을 심고 차를 마시며 문학을 하는 자연인이 된 것이다. 그 딸을 지켜주는 사람이 건축가였던 친정아버지다. 아버지는 남편 없이 네 아이를 키우는 딸이 무너지지 않도록 방 도배를 해준다. 〈신고식〉은 칠순을 넘겨 시작한 수필을 정리하여 출간한다는 이야기이지만 속 그림은 험난한 세상에서도 잘 살아가겠다는 신고의 글이다. 딸이 살 집을 아버지가 혼자 반듯하게 도배하는 모습은 맏딸이 홀로 되었을지라도 반듯하게 살아야 한다는 당부의 표현 외에 아무것도 아니다. 작가는 그 아버지의 모습을 기억하며 생의 강을 건넜음에 틀림이 없다.

세월이 약이라는 말이 있다. 정말 이 말만큼 인생의 역경과 상처를 이겨내도록 해주는 약이 없다. 일상이 파탄 날지라도 하루씩 이겨내다 보면 상처가 아문다. 〈세월이

가야 한다〉는 남편의 죽음 같은 힘든 시련조차 치유해 주는 것이 세월임을 밝힌 글이다. 작가는 그 인생론을 분재에 빗대어 말한다.

> 사람의 삶도 나무의 삶도 욕심은 금물이다. 상처도 만만찮다. 사람도 한평생 순탄하게 살기보다는 실패와 아픔이 있고 이를 극복함이 있을 때 더욱 멋있는 인생이 되는 것처럼 나무도 내곡이 있어야 멋있어 보인다.… 사계절을 보내면서 중간 가지, 잔가지를 배열하고 잔가지를 키워 가면서 느끼는 만족감은 그 무엇과도 바꿀 수 없다. 꽃과 분재를 키우고 가꾸면서 나무의 삶에 내가 개입함으로써 이루어지는 생활 속의 더 나은 행복 찾기라는 점이다.
>
> – 〈세월이 가야 한다〉에서

분재는 칼질을 당할지라도 세월이 지나면 새 가지를 뻗친다. 수십 년 동안의 분재는 정신적 자립이라는 방법을 알려준다. 그것은 '슬픈 전설'을 끝내는 길이었다. 그녀는 사랑과 겸손과 양보의 미덕을 배우고 "징 잘 담그고 탁주도 잘 빚는 할미"가 되었다.

세상 곳곳에는 숨겨진 소리가 많다. 심층수일수록 듣는 사람의 가슴을 아프게 울린다. 〈묻힌 소리〉는 조경희가 후쿠오카에 있는 일본식 차 정원(약수원)에 갔을 때 야외 차 정원에서 수금굴 물방울 소리를 들으려 했던 명상을 다룬다. 마찬가지로 그녀에게 『서초당 일기』는 언어로 피워 올린 분재이면서 가슴에 숨어 흐르는 이야기를 들추어낸 수금굴 물소리다.

2. 서초당의 봄, 열넷

일기는 쓰는 사람의 행적을 고스란히 보여주는 글이다. 자신의 자신에 대한 자신을 위한 명징한 기록이므로 과장과 축소가 필요 없는 인생의 족적이기도 하다. 역사적으로 살펴보면 유명한 인물과 비운의 궁궐 여인들이 일기를 썼다. 특히 남성에 의해 운명이 좌우된 시절의 여인들은 한 많은 세월을 남겨 후대인들에게 어떻게 살았는가를 전해주려 하였다.

범부凡婦의 삶에도 감동적이고 본받을 만한 이야기가 적지 않다. 다만 기록한다는 무게에 눌려 자신들의 생애가 품격 있고 고귀한 것임을 몰랐을 따름이다. 『서초당 일기』도 여자와 인간으로서 살아온 자존의 기록이다. 이 일기는 "내 슬픈 전설의 마흔다섯"이 지나고 네 명의 자식들이 사회인으로 독립하여 집을 떠난 후부터 시작한다. 시골스런 시골집에서 심적 부담이 없는 가운데 자식들의 지극한 격려를 받으며 보낸 그녀만의 인생살이. 힘겹게 홀로 세월을 이겨낸 행복한 한철이다. 인생의 말년에 행복과 자유의 시절을 즐긴다랄까. 잠재되었던 갖가지 능력을 발휘한 호시절이라 할까. 하지만 꽃이 피고 낙엽 지고 한월寒月이 뜨면 '불시에 떠난 그 남자'가 그리웠다. 일흔이 넘은 할미가 '마흔아홉에 그친 장년壯年 그'의 보살핌으로 이렇게 잘 살려 한다는 모습을 보여준 첫 장章은 이렇게 시작한다.

봄바람은 새로운 생명의 기운이다. 우리의 삶에도 이런 바람이 불어온다. 예상치 못한 계획을 세워 숨었던 꿈을 돋게 하고 잃은 희망을 싹틔운다. 내게도 그런 기회가 있었다. 장성한 아들딸들이 가정을 이루어 서울과 대전으로 떠나면서 아파트는 텅 비어 버렸다. 관리비 내는 돈만으로도 시골 생활을 하겠다 싶어 부산과 가까우면서도 시골스러움이 남아있는 곳을 다니며 열심히 발품을 팔았다. 마침내 안성맞춤인 집을 찾아내었다.

서초당 앞뒤 뜰에는 꽃향기뿐만 아니라 갖가지 소리들이 어울렸다. 나비는 폴폴 날고 벌은 잉잉거렸다. 참새, 까치, 동박새, 휘파람새까지 빨랫줄과 전깃줄을 오선지 삼아 음표를 찍어댔다. 처마 밑에 둥지를 튼 제비는 조잘대는 새끼를 늘여갔다. 여름철 매미들도 한껏 울어댔고 가을 고추잠자리도 윙윙 소리 내며 하늘에 빗금을 재빨리 그어댔다. 눈도 귀도 입도 호강하는 봄, 봄, 봄날이 이어졌다.

– 〈서초당 일기〉에서

당堂이라는 이름은 쉬 얻어지는 게 아니다. 손수 하는 노동과 마음 씀씀이가 따르고 품격도 갖추어야 한다. 천성적으로 영리하고 분별심이 넘쳐 남편이 있었더라면 주변 사람들에게 많은 배려를 베풀었겠지만 어린 묘목을 자식처럼 키우고 수석과 야생화에 재능을 발휘한 농장 여주인이 되었다. 천연 염색을 하고 글을 쓰는 조경희야말로 "상스러운 풀을 키우고 자란다"는 뜻을 지닌 '서초당瑞草堂' 주인으로서 제격이라고 할까.

서초당은 온전히 땀과 눈물로 이루어진 성역이다. 세상에 사는 동안 함께할 것이라고 여길 정도로 구석구석에 꽃을 심으며 손과 발의 지문을 묻혔다. 한풀이하듯 십수 년간 모든 것을 구석구석에 남겼다. 그동안 손자와 손녀가 생겨 그들에게 이곳 유래를 이야기해 주어야겠다는 꿈으로 과실수도 심었다.

꽃과 나무는 그녀가 원하는 따르는 자식이다. 60 나이가 되도록 자기 생각과 의지대로 살지 못했지만, 서초당 아이들은 그녀의 생각대로 순순히 심어지고 꽃을 피우고 열매를 맺었다. 어쩌면 운명의 휘둘린 분풀이고 시댁으로부터 내침을 당한 반작용일 수도 있다. 동기야 무엇이든 조경희는 자신의 존재를 비로소 꽃으로 피웠다. 서초당 14년 세월이 한恨을 꿈으로 승화시켜준 셈이다.

〈정원 만들기〉와 〈장독대 만들기〉는 눈짐작을 설계하고 쉼 없는 손발로 멋진 정원을 만들었던 체험 일기다. 〈정원 만들기〉는 건축을 전공한 아버지의 재능을 이어받아 꽃밭을 갈고 헌 욕조 통으로 플라스틱 연못을 만든 과정을 적었다. 하얀 수련을 심고 마당 한쪽에 석가산을 올려 자연을 구현한 재료는 모두 폐품을 재활용하였다는 생태적 소회가 이색적이다.

〈장독대 만들기〉도 갖가지 재료를 가져와 외갓집에서 예전에 보았던 장독 풍경을 되살려낸 글이다. 장독대는 어린 시절부터 노년에 이르기까지 여성의 곡절 많은 일생을 상징하는 물건으로서 어머니와 함께한 행복했던 시절로 돌아가고픈 꿈을 담아내었다. 남편의 죽음과 시댁의 배신으로 인간 자체에 대한 불신으로 흘린 눈물을 비워내고 독

존독락獨存獨樂을 채운 단지라는 점에서 심리적 해석이 높은 작품이다.

조경희의 삶에서 야생화와 분재를 뺄 수 없다. 그녀는 주변 요청에 따라 전시회에 작품을 제출하고 지인의 출판기념회나 전시회를 돋보이게 해주었다. 하지만 체험적인 꽃 사랑의 장소는 서초당이다. 〈골담초꽃〉은 꽃 수필의 대표작으로 골담초 꽃지짐을 붙이던 어머니와의 봄날을 되새기는 내용으로 그리움과 향수가 듬뿍 묻어있다. 야생화에 대한 애정이 바위에서 강인하게 자라는 이끼까지 미친다는 글이 〈하찮은 이끼라도〉다.

> 주물럭 분에 올려진 돌 솔이끼 사진에는 가을이 내려와 있다. 꽃망울 같은 작은 삭을 올린 모습은 신비롭다. 환상적인 꽃들의 군무를 보는 듯 황홀하다. 사진 속에는 돌 위에 이끼를 올려 작은 동산을 만든 작품이다. 포자의 꽃대를 높여 씨앗을 맺는 자연의 원리에 한 번 더 감동한다. 석양에 비치는 붉은 들녘을 연상하게 하는 이 사진을 보니 하찮은 이끼라도 키우는 사람의 정성에 따라 작품이 되고 귀하게 보인다. 남들이 보지 못하는 작은 것에 애정이 간다.
>
> – 〈하찮은 이끼라도〉에서

바위에 자라는 초록 생명에 대한 경이감을 적은 이 작품은 30년 전 참가한 들꽃 전시회 때 지녔던 젊은 감각을 회상하는 내용이다. "단순함 속의 찬란함"을 야생식물서 찾아낸 감각과 감수성을 기록하여 야생화 수필은 미적 해석력으로 구성된다는 사실을 보여준 대표작이다.

조경희는 서초당을 자신만의 공간으로 삼지 않는다. 시골 주민들과 교류를 넓히면서 향기로운 동네로 만드는 마을 운동도 펼쳤다. 조롱박을 심어 시골 어린이집 원생들과 바가지를 만드는 체험 행사도 운영하였다. 바가지와 옥수수는 고향 냄새를 한껏 풍기는 향토 식물로서 티 없이 맑은 어린이들과 함께 즐기는 하루는 그녀에게 더없는 행복이므로 10여 년에 걸쳐 한 해도 빠뜨리지 않는다. 꽃 전시회와 바가지 만드는 체험 학습이 중요한 일정으로 매김 된 것만 보아도 알 수 있다.

> 바가지 만드는 체험이 끝났다. 떠들썩거리던 마당이 조용해 졌다. 박과 호박 덩굴, 나팔꽃 줄기, 닭의장풀, 우슬, 잡풀을 다 걷어냈다. 조릿대는 뿌리째 뽑았다. 정글 같은 뒤뜰이 훤해졌다. 내 마음도 푸른 하늘만큼 넓어진다. 등줄기를 타고 흘러내린 땀을 식힌다.
>
> – 〈바가지 만들기〉에서

조경희에게 행복이란 몸을 굴려 자연으로부터 생살 같은 삶을 얻는 것이다. 흔히 사람들은 '사는 맛'이 있어야 한다고 말한다. 그 맛이란 물질적 충족이 아니라 "박으로 항아리 물을 떠 마실 때 감로수라고 느끼는 맛"이다. 소박한 여유로움으로 하루하루를 살아가는 삶이 『서초당 일기』를 출간하게 하였다. 그렇게 사는 맛이 달리 어디 있을까.

3. 이젠 꽃 같은 놀이터로

세상만사 유시유종이다. 평촌리 서초당은 편안하기 이를 데 없는 "꽃 누비"였지만 14년 봄놀이가 공단개발로 끝나게 되었다. 입원으로 두 계절 만에 돌아온 탓에 꽃들은 시들고 그녀도 나약해졌다. 황토방에 앉아 인생의 수를 다시 놓으려 하지만 여의치 못하다. 그러니 작별의 잔치를 벌여야겠다고 생각한다. 십 년 함께 놀았던 유치원 원생들에게 졸업다례식을 성대히 마무리 지었다. 집과 꽃에 대한 예의로 지인들을 위해서 마지막 꽃잔치가 필요하다.

〈꽃 누비〉와 〈마지막 전시회〉는 서초당에 고하는 작별 의식을 그려낸 작품이다. 아쉬움이 크지만 흥겨운 동네잔치로 꾸민다. 할미꽃 으아리 꽃창포 마삭줄 백화등, 그리고 토마토 부추 딸기, 난초로 장식된 풍경은 지난 세월 동안 결코 외롭지 않았음을 보여준다. 동네 사람들도 겨울이 오기 전에 모두 헤어져야 하므로 이별 의식이 자신과 그들에게 어떤 의미를 지니는가를 알려주는 작품이 마지막 전시회다. 인생은 아무리 슬퍼도 꽃무늬를 누비는 것. "풍진 세상을 살아오면서 크고 작은 상처는 아물었다"는 작가의 말처럼 상처도 늙음도 꽃이라 생각하기 때문에 이겨낼 수 있었다. 그래서 〈꽃 누비〉는 아픔조차 오색실로 아름답게 매듭짓는 치유 수필이 되었다.

조경희는 몸이 작고 여리지만 아직은 바늘 끝에 힘을 줄 수 있는 나이라고 믿는다. 그러므로 김해를 떠나 꽃놀이와 생놀이를 이어갈 기처를 마련한다. 중사도를 지척에 둔 식만 동네에 꽃 짐을 푼 그녀는 임시 거처를 마련하고 '조경희 놀이터'라는 간판을 달았다.

> 나는 나만의 공간을 내 형편에 맞게 하우스로 지었다. 반평생 가지고 놀던 야생화와 돌과 옹기와 나무들을 힘에 부치지 않게 종류별로 몇 가지만 가지고 왔다. 나의 마지막 쉼의 놀이터가 생겨서 또다시 나는 꿈을 꾼다. 이곳에서 잘 지내고 싶다. 남은 인

> 생을 어떤 모습으로 어떻게 보내야 하나. 꿈을 꿀 수 있다는 게 행복이라 여기며 몸은 아파트에 머물지만, 하루에 한 번씩 오가며 유유자적을 흉내내고 있다.
>
> – 〈놀이터라 이름 짓고〉에서

인생은 누구에게나 귀천과 귀토를 하기 전의 한철 놀이다. 낙동강이 지척이고 겨울 철새의 낙원이고 중사도라는 모래섬을 지척에 둔 강서구 식만동은 여생의 놀이터로서 부족함이 없다. 남은 인생이니 예전처럼 유유자적하게 살면 된다고 작가는 말한다. 나아가 꽃과의 생활을 이어 가는 것이 운명을 개척하는 가장 좋은 여행으로 여긴다.

지금 작가는 글을 쓰는 수필 여행을 하고 있다. 다음 여행지는 서초당을 도배해주었던 아버지의 고향인 창원 동읍을 찾아가는 일이다. 모든 희비喜悲스런 일이 그녀에게는 여행이듯 가까운 방문도 여행이다. 그중에서 가장 귀한 인생 여행은 용기 있게 삶의 도전하는 것이라는 것을 깨우쳤다. 그 일조차 여행이자 놀이로 여기는 조경희는 막 여든 살을 넘긴 노련한 여행자가 되었다. 그리고 앞으로도 그렇게 산다.

4. 생놀이꾼을 위하여

수필을 일러 인생의 나이테라고 부른다. 그런 만큼 수필가들이 바라는 자신의 문학 세계를 "문자향文字香"으로 종종 표현한다. 글이 사람이니, 문자향으로 자신의 사람됨을 표현한다는 의미다.

사람의 향기는 행복한 일생에서는 쉬 우러나지 않는다. 쓴맛 단맛을 함께 녹인 사람에게서 문자향이 풍겨 나온다. 아득한 전설 같은 고난조차 향기로운 꽃말로 누빈 조경희는 여인으로서도 예사롭지 않은 삶을 살았다. 당연히 영혼의 안식처인 『서초당 일기』는 인간사와 작품 세계를 버무린 향을 지닌다. 달리 말하면 홀로살이조차 즐거운 여행으로 받아들였으므로 생놀이가 충만한 화첩 같은 수필집이 된 것이다.

『서초당 일기』는 "끼젓"처럼 짜디짠 인생에서 우려낸 깊은 맛을 담은 글 옹기다. 저문 인생이 슬프고 힘겹다고 여길 때 서초당을 홀로 지켜내며 손수 심은 오동나무를 지켜보던 여인의 모습을 떠올려보자. 그러면 누구든 '보이지 않는 그 사람'이 곁에 있다는 사실에서 살아갈 힘을 얻을 것이다.

瑞草堂 일기

초판1쇄 발행 2023년 10월 30일

지 은 이 조경희
펴 낸 이 이길안
펴 낸 곳 세종출판사

주소 부산광역시 중구 흑교로 71번길 12 (보수동2가)
전화 051－463－5898, 253－2213~5
팩스 051－248－4880
전자우편 sjpl5898@daum.net
출판등록 제02-01-96

ISBN 979-11-5979-640-1 03810

값 13,000원

본 도서는 2023년 부산광역시, 부산문화재단 부산문화예술지원사업으로 지원을 받았습니다.